이 도서의 국립중앙도서관 출판시도서목록(CIP)은 e-CIP 홈페이지
(http://www.nl.go.kr/ecip)에서 이용하실 수 있습니다.(CIP제어번호: CIP2008003038)

자연이 키우고
우주가 담근
맛의 기록

김치 견문록

김만조
이규태
지음

*design*house

歷史_김치의 역사를 맛보다 김만조

김치의 기원   12
김치의 역사   14
김치 제조의 과학   50

風俗_김치의 일생을 읽다 이규태

가꾼다   61
다듬는다   67
씻는다   73
썬다   77
간다   83
절인다   89
담근다   95
삭힌다   101
갊는다   107
묻는다   113
덮는다   117

材料_김치는 무엇으로 단련되는가 이규태

채소류

배추	126
무	130
파	134
오이	137
미나리	140
가지	143
부추	147
씀바귀	151
상추	155
도라지	159
박	162
시래기	165

양념류

마늘	170
생강	173
고추	176
갓	180
달래	184

젓갈류

젓갈	190
청각	193
소금	196
새우젓	200
조기젓	203
어리굴젓	206
오징어젓	209

味學_김치로 사계절을 살다 김만조

겨울김치	216
봄김치	244
여름김치	276
가을김치	310
사철김치	354

김치의
역사를
맛보다

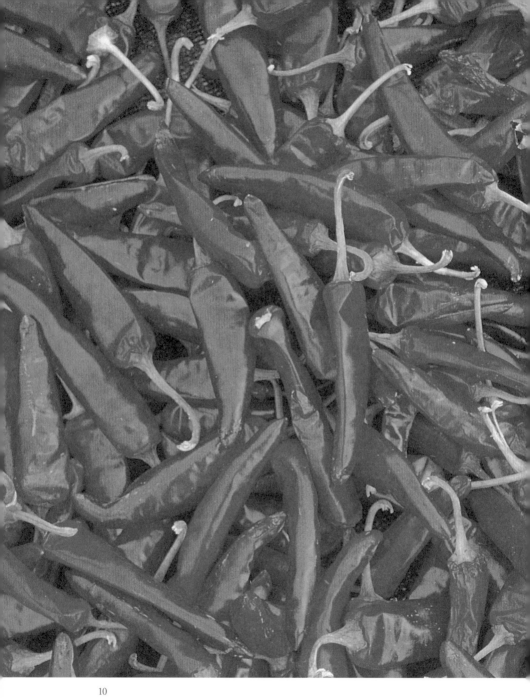

1　김 치 의　기 원

인류가 식품 보존을 위해 최초로 행한 수단은 말리는 방법이었으며, 다음으로 절이는 방법에서 발효의 과정으로 이어졌다. 근대과학에서도 최초의 식품 저장 방법이 '건조·염장·발효'임을 증명했다.

곡식이나 열매류는 말리지 않아도 보존이 가능했으나, 수분이 많은 어육류와 채소는 건조나 염장 처리가 반드시 필요했다. 그러나 채소는 말리기가 쉽지 않을뿐더러 영양가와 맛이 없어 먹기 불편했다. 그래서 소금이 발견된 이후 채소와 어육류를 소금에 절이는 방법이 시도됐는데, 먹기에도 좋고 보존성도 뛰어났다.

최초의 염분(鹽分)이 바닷물이건 돌소금(岩鹽)이나 해염(天日鹽)이건, 음식물을 소금이나 간수로 절이게 된 것은 자연발생적이었다. 이것이 '담금(漬)', 곧 '삭으며 익는' 발효의 과정으로 이어진 것은 인류의 식품 가공 역사에 있어 크나큰 발견이었다.

육류·어패류·채소류를 염장하면, 옅은 소금물에서 일어나는 '자가효소(自家酵素)' 작용과 호염성(好鹽性) 세균의 번식으로 생성되는 아미노산과 젖산의 활동으로, '숙성' 현상이 일어난다. 김치나 젓갈이 발효되는 초기 작용이다. 소금은 탈수 또는 삼투압 작용으로 대부분의 부패성 미생물을 억제하고 반대로 발효 기능을 유도한다. 따라서 식품을 염장하면 방부와 보존의 두 가지 이익을 볼 수 있다. 또 아미노산이나 젖산 발효로 저장하는 식품은, 보존 효과는 물론 맛에서도 독특한 풍미를 지닌다.

김치와 젓갈은 재료만 다를 뿐, 모두 젖산발효식품이다. 김치에 젓갈을 첨가하고 거기에 각종 향신 조미료를 배합해 산패와 변질을 조절하고 막아온 것은, 뛰어난 한국 고유의 식품 저장 지혜다.

중국과 일본에도 채소의 소금 절임이나, 된장·간장에 담근 장아찌식 절임과 젖산발효 초기에 머무른 비교적 담백한 채소 절임류가 많다. 그러나 식품의 다섯 가지 기본 맛에다 젓갈로 인한 단백(蛋白) 맛과 발효의 훈향을 더하는, 일곱 가지 독특한 풍미를 갖춘 발효채소식품은 한국의 김치뿐이다. 이러한 김치는 지역과 기후, 계절, 각 가정의 생활환경 및 식습관에 따라 다양하게 발달·정착했다.

중국에는 지방에 따라 산채(酸菜)·포채(泡菜)·장유채(醬油菜)·함채(鹹菜) 등이 있고, 외몽고에는 건함채(乾鹹菜)가 발달됐다. 서구의 거의 모든 나라들에는 다양한 피클이 발달됐으며, 독일·네덜란드·오스트리아에는 사우어크라우트(Sauerkraut)나 바이스크라우트(Winßraut) 등 양배추로 담근 발효채소식품이 유명하다. 이들 모두 민족의 식성이 형성된 역사적 배경이나 뿌리 깊은 식습관에 의해 생긴 정서적 저장식품들이다.

김치에 관한 첫 기록은 2600-3000년 전에 쓰여진 중국 최초의 시집,
《시경(詩經)》에 나와 있다. "밭 두둑에 외가 열렸다. 외를 깎아서 저(菹)
를 담자"는 구절이 있는데, '저'가 염채(鹽菜), 즉 김치의 시조(始祖)다.
　　《여씨춘추(呂氏春秋)》에서는 "공자가 콧등을 찌푸려가면서 '저'
를 먹었다"는 기록이 있으며, 한말(漢末)경의 사전인 《석명(釋名)》에
도 '저'에 관한 설명이 나온다. 《석명》에는 김치에 대해, "채소를 소금

김치에 관한 기록 문헌 중 가장 오래된 것은 2600-3000
년 전에 쓰여진 중국 최초의 시집, 《시경(詩經)》이다. '소아
(小雅)' 편에 "밭 두둑에 외가 열렸다. 외를 깎아서 저(菹)
를 담가 조상께 바치면 자손이 오래 살고 하늘의 복을 받는
다"는 시 구절이 있다. 여기서 '저'가 김치다. 이후 《여씨춘
추(呂氏春秋)》·《설문해자(設文解字)》·《주례(周禮)》 등에
서도 '저'가 등장하는데, 젖산발효에 의해 채소를 저장한 산
미가공식품이었음을 알 수 있다. 우리나라에서 '저'라는 글
자가 등장하는 가장 앞선 시기의 문헌은 《고려사(高麗史)》
다. 그렇다고 《고려사》를 우리나라 최초의 김치에 관한 문
헌으로 보는 데는 조금 무리가 따른다.

에 발효시키면 젖산이 생성되고, 이 젖산이 소금과 더불어 채소의 짓무름과 부패를 막는다"라고 풀이했다. 여기서 '저'가 채소를 젖산발효시켜 저장해온 산미가공식품이었음을 알 수 있다.

한(漢)나라 때의 《주례천관염인(周禮天官鹽人)》에도 순무·순채·아욱·미나리·죽순·부추 등의 '칠저(七菹)'를 담가 관리하는 관청에 관한 기록이 있다. 이때의 일곱 가지 '저'는 염지(鹽漬)와 장

높이 89cm, 입 너비 55cm, 목 둘레 117cm, 배 둘레 227cm의 가야시대 경질토기. 토기는 진흙으로 구워 만든 용기로, 정착 생활을 하면서 먹을 것을 보관·저장하고 이동하는 데 편리한 도구였다. 겨울이 긴 한반도에서는 채소를 소금·젓갈·간장 등에 절여 저장했다. 철기를 사용한 초기국가시대에는 토기 제작 기술이 더욱 발달돼 수분이 새지 않는 경질토기가 일상에 널리 쓰였는데, 익는 동안 물이 많이 생기는 채소 절임 음식을 저장하는 데 적당했을 것이다. 요사이 많이 발굴되는 원삼국시대(原三國時代)의 큰 항아리들에서는 김장의 흔적이 자주 보인다. 경주 안압지에서 "열 식구가 겨울을 나려면 여덟 개의 항아리가 필요하다"는 글자가 새겨진 항아리가 나오기도 했다.

식품을 오래 보존하는 방법에는 건조·염장·발효가 있다. 채소를 가장 효과적으로 보존하는 방법은 소금에 절이는 것이다. 채소를 소금에 절이면 섬유질이 연해져 씹는 맛이 더욱 신선해지고, 발효로 이어지는 과정에서 아미노산과 젖산이 생산돼 독특한 맛을 낸다. 절이는 데 사용된 최초의 염분은 바닷물이나 돌소금(石鹽), 해염(海鹽, 天日鹽) 등으로, 모두 자연발생적인 것이었다. 김치는 절임음식의 대표격이다.

아찌〔醬沈〕 등 염장채저류(鹽醬菜菹類)의 원시형 종류였을 것이다. 한나라의 '저'가 낙랑을 거쳐 부족국가시대의 한반도로 전해졌을 것이라는 설도 있으나, 뒷받침되는 문헌은 아직 없다.

우리나라에서도《시경》의 기록 연대와 비슷한 시기인 기원전 2000년대 유물 중, 볍씨와 함께 박씨·오이씨 등이 경기도 일산에서 출토됐다. 중국의 중원뿐만 아니라 한반도에서도 오이를 비롯한 다른 채소류를 재배해 '저'와 같은 발효식품으로 간수해 먹은 것이라 추측해볼 수 있다.

삼국시대의 식품에 관한 서적들은 현재 남아 있지 않지만, 우리 문화의 절대적 영향을 받은 일본 문헌을 통해 그 시대의 식생활을 가

AD 100년경 후한(後漢)의 허신(許愼)이 쓴 《설문해자(說文解字)》에 "저는 신맛의 채소로, 오이를 초에 절인 것"이라고 나와 있다. BC 10세기에서 AD 2세기까지의 문헌들을 종합해볼 때, 고대의 '저'는 주로 오이를 깎아서 초에 절인 채소 절임 음식임을 알 수 있다. 이후 문헌에서는 다양한 채소로 담근 많은 저채류(菹菜類)들이 등장한다.

고려시대 《동국이상국집》의 '가포육영'조에서 김치 담그는 일을 '염지(鹽漬)'라 일컬었다.

늠할 수 있다. 일본의《정창원문서(正倉院文書)》나 평안시대(平安時代, 900-1000년경) 문헌인《연희식(延喜食)》에 의해 소금·술지게미·장·초·느릅나무껍질·대나뭇잎 등에 쟁인 절임류가 삼국시대

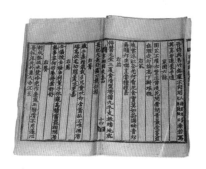

조선 중기 최세진(崔世珍, 1473-1542)은《훈몽자회》(1518년경)에서 '저'를 '딤치조'라 해석했다.

고려시대 이규보(1168-1241)가 지은《동국이상국집》. 김치와 관련된 우리나라의 가장 오래된 문헌으로 보는 견해가 지배적이다. 펼친 부분은 '가포육영'조인데, 집의 텃밭에서 기르는 여섯 가지의 채소, 과(瓜, 오이)·가(茄, 가지)·청(菁, 순무)·총(葱, 파)·규(葵, 아욱)·호(瓠, 박)를 시로 읊었다. 그중 '우청(右菁)' 부분을 옮겨보면 다음과 같다. "순무를 장에 담그면 여름 3개월 동안 먹기에 매우 마땅하고, 소금에 절이면 겨울을 능히 견딜 수 있다. 뿌리는 땅 밑에 휘감겨서 약간 통통한데, 서리가 내릴 때 배(梨) 모양과 비슷하게 칼로 자르면 가장 좋다."
여기서 '지염(漬鹽)'은 순무로 담근 김치류다. 이 시를 통해 고려시대 채소 절임 음식은 순무를 주재료로 해, 여름에는 간장에 절이고(순무장아찌) 가을에서 봄까지는 소금에 절인 것(순무소금절임)이었음을 알 수 있다. 장 절임법과 소금 절임법이 고려시대 김치를 담그는 주요 방법이었는데, 조리법은 나와 있지 않다.

17

에 있었음을 알 수 있다. 가지·외·파·미나리·순무·생강·산초 등을 소금 절임했고, 외나 생강으로 술지게미 담금도 했으며, 순무·외·동아·가지 등을 된장이나 간장에 담그기도 했다. 또 순무나 동아를 식초 절임〔醋沈〕하거나, 채소를 쌀겨와 소금에 쟁인다는 기록도 있다. 쌀겨로 담그는 김치는 500년경의 중국 식품서인《제민요술(齊民要術)》에도 나와 있다.

이 밖에도《제민요술》에는 30여 종의 '작저법(作菹法)'이 설명돼 있으며, 재료로 흔히 쓰인 것은 배추·무·순무·아욱·외·달래·죽순·동아·목이버섯 등이었다. 이들을 소금으로 절이거나 끓는 물로 숨 죽여 식초에 담그기도 했다. 소금으로 절인 것은 익힌 곡물(밥이나

당나라가 망하고 제(齊)나라가 들어서면서 '숭(菘)'이라는 채소가 등장했는데, 이것이 배추의 옛 형태다. 이 야생배추가 추운 겨울에도 시들지 않고 푸르러 '소나무 풀'이란 뜻의 '숭'이라는 이름을 얻었다. 당시의 배추는 지금 것처럼 크거나 살찌지 않고 알도 배기지 않은, 시금치처럼 생긴 채소였다. 숭의 줄기가 희다 해 '바이채〔白菜〕'라고도 불렸으며, 이 바이채가 우리나라에 들어오면서 '배추'라는 이름으로 정착됐다. 배추의 다른 이름으로는, 숭채(菘菜)·대백채(大白菜)·황아채(黃芽菜) 등이 있다.

죽 등)이나 술지게미, 누룩 등을 넣어 삭힌다고 나와 있다.

일본은 덥고 습하기 때문에 쌀가루로 담근 김치가 쉽게 산패하므로 쌀겨, 곡물 지게미와 껍질 등을 많이 썼다. 그래서 일본 김치의 대표인 단무지가 오래전부터 있어왔다. 단무지의 원조는 '조강지'라는 것으로, 그 말의 기원이나 뜻은 분명하지가 않다. 일본의 옛 사서(史書)인 《고사기(古事記)》에 오진텐노〔應仁天皇〕시대에 구다라징〔百濟人〕인 '조강'이 건너와서 누룩으로 술 빚는 방법을 가르쳤다는 기록이 있다. 이것으로 보아 조강지는 옛날 중국에서 백제로 전해졌고, 이후 다시 일본으로 건너간 것으로 추측된다. 따라서 당시 백제에서는 조강지뿐만 아니라 《제민요술》에 나오는 다양한 김치들을 먹었으며, 이는 삼국 모

화자(畵者) 미상의 조선시대 민화.
우리나라에는 고려 때 문헌인 《향약구급방》에 처음 배추에 관한 기록이 나온다. 그러나 조선 중엽까지 농서(農書)들에서 배추에 관한 기록은 찾아보기 힘들며 후기에나 등장한다. 당시에는 무를 주로 먹었으며, 배추를 가꿔 먹기 시작한 것은 역사가 그다지 깊지 않다. 배추로 활발히 김치를 담근 것도 중국에서 결구배추(학명 Brassica, Brassica Pekinensis)가 들어온 이후다. 1700년대 중엽 중국의 베이징 지방에서 처음 재배된 결구배추의 종자가 우리나라에 들어와 재배 육성된 시기는 정확히 모르나, 이후 우리나라 풍토에서 더욱 우수한 결구배추 품종들이 개발돼 미국, 캐나다, 멕시코 및 중남미 나라들로 전해졌다.

두 같은 경우였던 것으로 여겨진다.

이처럼 삼국시대에 이르러서는 식초와 소금에만 절이던 방법에서, 술지게미, 누룩, 곡물 껍질류에 채소를 발효시키는 것과 장(醬)에 절이는 방법들이 발달하게 됐다. 이런 발효의 지혜는 곡물·채소·생선을 버무려 삭힌 오늘날 함경도 지방의 '가자미식해'와 '안동식해', '북어식해' 등에 잘 남아 있다.

고려시대에도 김치에 관한 문헌은 많이 남아 있지 않다. 6대 임금인 성종(成宗)이 종묘와 사직을 세우고 제사를 지냈는데, 제사 음식 중에 미나리·죽순·무·부추 등으로 담근 김치 무리가 있다는 기록이 있다. 또 중엽의 문장가인 이규보(李奎報, 1168-1241)가 지은 《동

일본 단무지의 원조는 '조강지'라는 것으로, 그 말의 기원이나 뜻은 분명하지가 않다. 일본의 옛 사서인 《고사기》에 오진텐노시대에 구다라징인 '조강'이 건너와서 누룩으로 술 빚는 방법을 가르쳤다는 기록이 있다. 이것으로 보아 조강지는 옛날 중국에서 백제로 전해졌고, 이후 다시 일본으로 건너간 것으로 추측된다.

국이상국집(東國李相國集)》'가포육영(家圃六詠)'조에 오이·가지·순무·파·아욱·박의 여섯 가지 채소를 읊은 시가 있는데, 여기 김치에 대한 내용이 나온다. "장에 담근 무 여름철에 먹기 좋고, 소금에 절인 순무 겨울 내내 반찬되네." 고려 때 김치로는 무장아찌와 무소금절임(무 짠지)류가 있었음을 알 수 있다.

말엽 이달충(李達衷)이 쓴 〈산촌잡영(山村雜詠)〉이라는 시에는 '여

화자 미상의 조선시대 민화.
무가 우리나라에 들어온 것은 기원전인 한사군시절로 추정된다. 무는 보리나 밀을 먹음으로써 생기는 맥독(麥毒)을 풀어주는 해독제로도 쓰여왔으며, 최근에는 항암 성분인 MTIB가 들어 있다는 연구 결과가 나왔다.

중국의 가장 오래된 문헌 가운데 하나인 《서경(書經)》에 "만청(蔓菁)으로 저(菹)를 담가 먹는다"는 기록이 있는데, 여기서 '만청'은 순무의 한문 표기다. 기원전 2000년 이전에 이미 존재했던 순무는 무와 배추의 중간 작물로, 제갈량이 원정갈 때마다 주둔지에 심어 요긴한 군량으로 삼았다 해 '제갈채(諸葛采)'라고도 불렀다. 당시 중국 고대 문헌에서는 무와 배추의 구별이 없었으므로, '무청(蕪菁)'·'만청' 등으로 합해 불렀다. 무를 '나복(蘿蔔)'이란 이름으로 독립시켜 부른 것은 진(秦)나라 때 일이며, 무의 다른 이름으로는 노파(蘆萉)·노복(蘆菔)·래복(萊菔)·라복(蘿蔔) 등이 있다.

뀌'라는 들풀에 마름을 섞어 소금 절임을 했다는 구절이 있다. 여뀌를 비롯한 돌나물·산나물 등의 야생초로도 김치를 담가 먹었음을 알 수 있다. 이런 기록만으로는 고려시대의 절임류가 오늘날의 김장김치·순무동치미·짠지 등의 형태였는지는 확실치 않으나 무와 배추가 있었다는 것만은 분명하다.

일본의 《정창원문서》나 《연희식》에 채소에다 조피나무열매·여뀌·양하·등의 향신료를 섞은 김치가 보이고, 원나라 때 식품서인 《거가필용(居家必用)》에 마늘·생강 같은 향신료를 채소에 섞은 김치가 있는 것으로 미루어, 고려시대에 이미 향신료를 섞은 김치들이 있었다고 짐작된다.

《음식디미방》은 석계부인 안동 장씨(1598-1680년)가 지은 우리나라 최초의 한글 음식 조리서다. 이 책에 나오는 김치류는 산갓김치·생치김치·나박김치·생치짠지·생치지 등이다. 고급 별미인 생치(生雉, 날꿩고기)를 이용한 김치가 많다. 이 중 나박김치만이 일상적으로 담가 먹은 상용 김치로 추정된다.

고려 고종연간(1214-1259)에 편찬된 《향약구급방(鄕藥救急方)》에서 배추, 즉 숭(菘)은 줄기가 짧고 잎은 넓고 두꺼우며 광대해 순무와도 비슷하나, 실털이 많은 것으로 설명돼 있다. 당시 배추의 모양은 순무와 거의 같았다. 식물학의 분류에도 순무는 배추과에 속한다. 따라서 순무·무·배추가 고려시대 채소절임 음식의 담근 주요 재료였음을 알 수 있다.

조선시대는 임진왜란 이후 고추가 도입되면서 음식에 큰 변화가 생겼다. 우리 민족은 원래 열이 많고 매운 음식을 애호했다. 겨자·후추 등 자극성 강한 향신료를 즐겨 써왔는데, 고추가 도입되면서 이들을 대신하게 됐다. 소금물에만 담그거나 천초·회향 등의 향신료에만 의

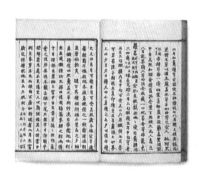

《증보산림경제》는 1766년경 영조 때 유학자 유중임이 쓴 책으로, 홍만선(1643-1715)이 쓴 《산림경제》를 증보한 것이다. 별도의 김치류 항목은 없으나, 원예작물 재배법에 관한 '치포조(治圃條)'의 '채명(菜名)'에 각 채소의 재배법과 이용법을 소개하면서 속방(俗方)이라 해 저(菹)를 소개했다. 속방으로 소개된 김치류는 대부분 현재에도 맥락이 이어지는 것으로, 18세기 중엽쯤에 현재의 김치류가 자리 잡아가기 시작한 것으로 추정된다. 특히 고추와 고춧가루를 김치의 양념으로 사용한다는 사실을 처음 밝혀놓았다. 또 마늘·파·부추 등이 중국처럼 김치의 주재료가 아닌 양념으로 쓰였다는 사실도 확인할 수 있다.

지했던 김치 절임에도 고추를 첨가하게 됐다. 고추를 사용함으로써 김치의 부패를 방지하고 소금의 사용량을 줄이는 효과를 경험하면서, 고춧가루를 넣어 만든 수십 종의 김치가 생겨났다. 그러나 고추를 양념으로 사용한 김치가 나온 것은 고추 도입 당시가 아닌, 훨씬 후의 일이다. 이전에는 다양한 방법으로 담근 붉지 않은 김치들이 주를 이루었다.

조선 중종 20년(1525년)에 간행된《간이벽온방(簡易僻瘟方)》에 '박딤치'라는 것이 나오는데, 한자(漢字)와 함께 쓰인 원문으로, "쉰 무수나 박팀칫구글집 안해 얼운이며 아회돌히 다 하나 져그나머그라"라고 돼 있다. 순무나박김치의 국물을 어른 아이 대소 간에 모두 마시라는 뜻이다. '나박김치'라는 말이 처음 나오는데, 순무김치가 동치미형

조선시대, 시어머니와 며느리 사이인 듯한 여인들이 절구에 고추를 빻고 있다. 절구는 농가의 필수품으로, 곡식을 찧거나 빻는 데, 또 떡을 치거나 메주콩 같은 것을 찧는 데 두루 쓰였다. 손에 잡기 좋도록 절굿공이의 허리가 잘록하게 돼 있다. 절구질은 무척 고된 노동이며 요령이 필요한 작업이다. 곡식은 큰 절구에, 양념류는 주로 작은 절구들에 빻았다. 사진의 나무절구는 통나무토막의 속을 파서 만든 것으로, 얼마 전까지 시골 농가에서 쓰이던 것이다.

과 나박김치형으로 돼 있음을 알 수 있다.

조선조 중엽의 《주방문(酒方文)》에도 각종 채소 절임류들이 나와 있다. 가지·외·죽순을 후추·마늘·파 등의 양념에 무쳐 볶은 다음 끓인 간장을 부어 담근 '약지히〔藥沈菜〕', 생강을 식초로 절인 '생강침', 고사리를 소금에 절인 '팀고사리', 외·가지·무를 뜨거운 소금물에 담근 침채류, 청태콩을 소금에 절인 '청태침' 등이 있다. 어떤 절임류든 아직 고추를 쓰지 않았다.

1670년경의 《음식디미방》은 안동 장씨가 지은 한글 요리서로,《규호시의방(閨壺是議方)》이라고도 한다. 동아를 절여 담그는 소금 절임 김치나, 산갓을 단지에 담아 따뜻한 물을 부은 후 뜨거운 구들에 놓아

고추는 멕시코 중부가 원산지이며, 포르투갈인들에 의해 발견돼 유럽에 전해졌다. 우리나라에 건너온 것은 임진왜란 이후 일본에 의해서였다. 그러나 임란에 파병된 명나라의 원병(猿兵) 중 포르투갈인들에 의해 직접 전해졌다는 의견도 있다. 고추는 도입된 지 200여 년이 지난 18세기에 와서야 김치 양념으로 적극적으로 쓰였다. 고추는 김치의 발효 과정에서 미생물의 발육을 억제하며 소금을 절약하는 기능을 한다. 우리나라의 품종은 다른 나라 것에 비해 매운 성분은 1/3 정도이나 붉기는 두 배, 비타민 C 함유량도 두 배, 단 맛 성분이 매운맛에 비해 1.2-1.5배 정도 많다.

삭히는 김치가 나와 있다. 이는 '무염침채(無鹽沈菜)'로서, 소금 없이 채소 자체를 삭혀 숙성시키는 방법이다. '생치침채법(生雉沈菜法)'은, 절인 오이의 껍질을 벗기고 채를 썰어 찬물에 우린 다음, 삶은 꿩고기를 오이처럼 썰어 소금 간을 한 따뜻한 물에 함께 넣어 나박김치처럼 삭혀서 먹는 것이다. 채소에 어육류를 섞어 담근 김치의 자취가 보인다. '생치짠지히'·'생치지히' 등도 오이절임을 재료로 해서 꿩고기와 함께 기름에 볶아 간장으로 조미한 것이다. 그외 산갓김치, 나박김치류가 소개됐다.

1665년 신속이 엮은 《농가집성(農家集成)》에 '사시찬요초(四時饌饒草)'라는 월령식 농서가 들어 있는데, '침과저(沈瓜菹)'와 '침즙저(沈

양념용 돌절구

큰 절구는 보리 등의 곡식을 빻는 데 많이 썼지만, 작은 절구는 특별히 양념용으로 두어 깨·마늘·생강 등을 빻았다. 여름철 우물가에 큼직한 자연석을 놓고 중간을 옴폭하게 파내서 고추를 찧거나 으깨는 절구로 쓰기도 했는데, 오랫동안 여러 집에서 사용하느라 깊숙히 파이면 디딜방아의 확으로 옮겨 계속 썼다.

汁葅)'의 기록이 나와 있다. 침즙저는 가지 장과 밀기울을 섞어 뜨거운 마분(馬糞)에 달포가량 묻어두었다가 먹는 것으로, 오늘날의 간장지에 해당된다. 간장에 담근 가지장아찌의 일종이다.

1600년대 말엽의 《요록(要錄)》에는 열한 종류의 김치류가 기록돼 있다. 이들 김치에도 고추를 사용한 흔적은 없으며, 무·배추·동아·고사리·청태콩 등의 김치와 무를 소금물에 담근 동치미에 대한 설명이 있을 뿐이다. '무염침채'는 무에 맑은 물을 붓고 사나흘쯤 두어 거품이 일면 즙을 따라 버리고 다시 맑은 물을 부어 삭히는 김치다. 오이김치인 '엄황과(淹黃瓜)'에는 향신료를 사용한 것이 보인다. 오이를 뜨거운 물에 데친 다음 물기를 없애고, 소금·당·천초·회양·식초를 넣

양념용 나무절구

양념용 쇠절구

어 담갔다. 고추 대신 천초나 회양 등의 향신료가 사용됐음을 알 수 있다.

1715년경 홍만선(洪萬選)이 쓴《산림경제(山林經濟)》에는 '치선(治膳)'조에 김치류를 소개했다. 대부분 고추를 넣지 않고 소금·식초에 절이거나 향신료와 섞어 만든 것이다. '자(蔗)' 만드는 법 다섯 가지를 소개했는데,《석명》에는 '자'가 "저(菹)의 일종으로 소금과 쌀로 물고기를 삭혀서 먹는 것"이라 했다. 오늘날의 생선식해와 비슷한 것이다.

가지의 원산지는 동남아와 인도로 추정되며, 5세기 이전에 중국에 전파돼 우리나라로 건너온 것으로 보인다. 가지는 우리나라에서 1000년 이상 재배돼온 채소로, 한때는 과채류 중 재배면적의 비중이 꽤 컸었다. 토양을 가리지 않고 열매를 잘 맺으며, 병이 적고 여름 내내 수확이 가능하므로 자급 채소로서 편리했기 때문이다. 우리나라에서 예부터 재배해온 품종은 만생이며, 흑자색으로 과실의 길이가 긴 장가지가 대부분이다.《증보산림경제》에 가지 통김치, 가지 소박이, 가지 장아찌 등 가지로 담근 김치류가 많이 소개됐다. 가지(茄子)는《월여농가(月餘農歌)》(1861년, 김동수 엮음)에서 낙소(落蘇) 자과(紫瓜)로 기록돼 있다.

《산림경제》에서는 김치 담그는 법을 크게 두 가지로 나누었다. 소금을 적게 넣는 '담저법(淡菹法)'과 짜게 담그는 '함저법(鹹菹法)'으로, 배추김치나 동치미, 오이소박이와 오이짠지까지를 분류했다. 배추김치는 담저법에 속하며, 오이는 짠지류와 양념소를 넣은 소박이류 두 가지로 분류했다. 나박김치는 동치미류이고, 무지는 양념을 넣은 것으로 나와 있다. 양념을 넣은 무지는 애호박은 물론 호박순과 줄기까지 섞어

〈양념을 갈 때 쓰는 도구들〉

음식을 갈기 좋게 안쪽에 거친 홈이 잔뜩 파인 오지그릇.

마자(磨子).
손가락을 끼워 넣을 수 있도록 홈이 파여 있다. 이곳에 손가락들을 넣고 고정시킨 다음, 거친 면으로 양념을 갈았다.

돌을 구워 만든 강판.
오늘날의 강판 모양과 비슷하다.

담갔는데, 호박이 고추와 함께 김치에 쓰인 흔적을 볼 수 있다. 이 밖에 동치미, 배추김치, 용인오이지, 겨울가지김치, 전복김치, 굴김치 등이 보인다.

1766년경에 나온 《증보산림경제(增補山林經濟)》는 영조 때 유학자 유중임(柳重臨)이 쓴 책이다. 김치류를 별도의 항목으로 정해놓지는 않았으나, 원예작물 재배법에 관한 '치포조(治圃條)'의 채명(菜名)에 '속방(俗方)'이라면서 '저(菹)'를 소개했다. 여기에 고춧가루를 사용한 김치가 나온다. 무짠지 담그는 '침나복함저법(沈蘿葍鹹菹法)'에, "잎줄기가 달린 무에 청각·호박·가지 등의 채소를 넣고, 고추·천초·겨자를 향신료로 섞어 마늘즙을 듬뿍 넣어 담근다"고 쓰여 있다. 오늘

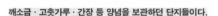
깨소금·고춧가루·간장 등 양념을 보관하던 단지들이다.

30

날의 총각김치와 비슷한 것이다. 또 '황과담저법(黃瓜淡菹法)'은 "오이에 세 개의 칼집을 만들고 그 속에 고춧가루·마늘을 넣어 삭히는 것"으로, 오이소박이와 비슷한 것이다. 이 문헌은 고추와 고춧가루를 김치의 양념으로 사용했으며, 마늘·파·부추 등도 주재료가 아닌 김치 양념으로 쓰였다는 사실을 알게 해준다.

당시의 우리 김치들은 이웃 중국에도 전해진 것으로 보인다. 1712년에 기록된 김창업(金昌業)의 《연행일기(燕行日記)》에 보면 "우리나라에서 귀화한 노파가 그곳에서 김치를 담가 생계를 이어가고 있었는데, 그가 담근 동치미의 맛이 서울의 것과 똑같다"라고 나와 있다. 또 1803년의 《계산기정》에는 "통관(通官) 집의 김치는 우리나라의 김치 담그

《경도잡지(京都雜志)》는 1700년대 말 유득공이 지은 세시풍속 책이다. "새우젓을 끓인 국물에 무·배추·마늘·고춧가루·소라·전복·조기 등을 섞어 버무려 겨울을 묵힌 것으로, 맛이 몹시 맵다"고 설명한 '잡저(雜菹)'류의 섞박지를 당시 서울 사람들이 먹었음을 알 수 있다.

는 법을 모방해서 그 맛이 꽤 좋다"라고 쓰여 있다. 어떤 종류의 김치인지는 확실치 않으나, 18세기에는 우리의 김치가 중국에 건너가서 인기를 얻고 있었다는 사실을 알 수 있다. 중국의 유명한 김치인 '쓰촨포채〔四川泡茱〕'는 우리나라의 동치미와도 비슷하다. 8%의 소금물을 옹기 항아리에 절반가량 넣고 소금물의 0.1%의 천초와 3%의 고추, 3%의 술을 넣은 다음, 썬 채소를 20%의 소금물에 절였다가 꺼내 포채 항아

세시풍속을 다룬 《동국세미기(東國歲味記)》에는 10월경의 김치 담그기를 '침저(沈菹)'라 해 국민에게 널리 보급했는데, 여름의 장 담그기와 더불어 국민생활의 2대 중요 행사가 됐다고 나와 있다.

《규합총서》는 빙허각 이씨(1759-1824)가 지은 한글로 된 가정백과전서다. 밥 반찬 만드는 방법을 설명한 '치선조(治膳條)'에 김치 열 가지를 소개했다. 김치를 밥 반찬의 으뜸으로 여겨, 실생활에서의 김치 기능을 정확히 언급했다. 무·배추·마늘·고추·소라·전복·조기를 버무려 담근 잡저(雜菹), '동아섞박지'를 소개했는데, 이로써 1815년경에는 젓갈과 고추가 김치의 주요 양념이었음을 알 수 있다.

리에서 숙성시켜 먹는 김치다. 쓰촨[四川] 지방은 우리나라에서 먼 곳이지만, 임진왜란 때 명나라 원군 중 쓰촨 출신 장정들이 매우 많았던 것으로 봐서 우리의 동치미가 그곳으로 전해진 것 같다.

유득태(柳得泰, 1747-1800)가 지은 《경도잡지(京都雜志)》의 '잡저(雜菹)'에는 섞박지 만드는 법이 나와 있다. "끓여 식힌 새우젓 국물로 무 · 배추 · 마늘 · 고추 · 소라 · 전복 · 조기 등을 섞어 담근 뒤 저장"

김홍도의 풍속화 중 〈고기잡이〉 그림이다. 조선 후기의 어업 방법을 알 수 있다. 17-18세기 조선 사회에서 유교식 제사는 중요한 의례였고, 특히 생선은 제수용품 중 으뜸으로 여겨졌다. 생선은 신선하게 저장하지 않으면 쉽게 부패하므로, 배에서 잡은 고기들은 곧장 말리거나 독에 넣어 소금에 절여두었다. 생선의 수요가 증가함에 따라 이를 보관하는 데 쓰는 소금 수요도 급격히 증가해, 18세기에는 구황식품이었던 소금의 품귀현상마저 생겼다. 이 즈음해서 젓갈을 넣어 담근 김치류가 등장했는데, 고춧가루와 젓갈이 소금의 섭취를 줄이는 기능을 하기 때문이다. 또한 삼면이 바다로 둘러싸인 지리적 특성 때문에 우리나라에서 젓갈김치가 더욱 발달돼왔다.

하면 매운맛으로 삭는다고 했으며, 김치 만드는 데 젓국과 조기 등을 넣었음을 알 수 있다. 이렇게 19세기에 접어든 우리나라의 식품 제조 방법은 1872년 서유구가 지은 《임원십육지(林園十六志)》에서 집대성 된다.

《임원십육지》에서는 김치의 종류를 크게 '엄장채(掩藏菜)'·'자채 (鮓菜)'·'제채(醯菜)'·'저채(菹菜, 沈菜)' 네 가지로 나누었다. 엄장

《임원십육지》.
1835년경 서유구(1764-1845)가 지은 조선시대 농서다. 채소류 음식을 소개한 '교여지류(咬茹之類)'조에 장아찌류 채소음식과 김치류 채소음식이 별도의 목(目)으로 소개돼 있다. '저채(菹菜)'의 총론에서 저(菹)는 '제'의 일종으로 잘게 썰어서 담그는 것이라 했으며, 동인(東人), 곧 우리나라 사람들은 이를 '침채(沈菜)'라 한다고 적었다. 비로소 김치, 저(菹)를 침채라 정리한 것이다.
이곳에서 다룬 김치는 고대의 김치류가 아닌, 당시 실제로 만들어 먹던 것들로 추정된다. 고추의 첨가를 적극적으로 권장하고 있는 것으로 보아 고추의 사용이 상당히 일반화돼 있었음을 알 수 있다. 또 《규합총서》의 '동아섞박지'와 비슷한 김치가 나오는데 굳이 '젓국지'라 해 이름을 달리한 것은, 김치를 절이는 주요 매개물로 젓국을 사용한 특이한 제법 때문이다. 이는 젓갈을 사용한 발효김치의 원조다. 당시 김치 재료들은 무 → 배추 → 가지 순으로 사용되어 현재와 거의 같은 비중을 나타내고 있다.

채는 소금·술지게미·향신료 등에 채소를 쟁여, 주로 겨울철에 장기
간 저장하는 것이다. 자채와 저채는 비슷한데, 자채는 소금과 쌀로 발
효시킨 것이고, 저채는 젓갈·장·생강·마늘·식초 등 짜고 시고 매
운 맛을 조화시킨 절임류다. 엄장채·자채·제채가 다 '저'에 속하지만,
우리나라에서 독특하게 개발된 종류의 '저'를 특히 '저채'라고 했다. 이
를 굳이 구별하자면 저채는 발효시킨 뒤 그냥 먹는 것이고, 엄장채류는
물에 씻어 2차 가공을 하거나 조리 식품의 재료로 쓴다는 것이다. 또
제채는 잘게 썰어 담근 것이고, 저채는 채소를 통째 발효시켜 오랜 기
간 보존하는 저장 김치를 목적으로 한다는 점에서 서로 다르다. 우리나
라 김치의 주종을 이룬 것은 역시 저채며, 다른 것은 '잡종 저류'로 보

《임원십육지》에서 서유구는 김치(菹)를 '침채(沈菜)'라 정
리했다.

조적인 존재다.

《임원십육지》에는 본격적 젓갈 김치인 '해저방(海菹方)', 곧 섞박
지가 나온다. 소금 절임한 잎줄기 달린 무에 오이 · 배추 등의 채소나
청각 같은 해초를 넣고, 고추 · 생강 · 천초 · 마늘 · 겨자 등의 향신료를
넣어 담근다. 거기에 젓갈류 · 조기 · 전복 · 소라 · 낙지 등의 해산물과
신맛을 막아주는 석회질인 전복 껍질이나 생굴 껍질을 넣은 다음, 알맞

새우젓 독

작은 새우젓 독은 보통 새우젓을 살 때 새우젓 장수에게서
함께 건네받았다. 새우잡이 배는 한 번 출어하면 많은 새우
를 잡아야 했고, 잡은 새우들은 바로 독 속에 저장해야 부패
하지 않았다. 배가 불룩한 옹기는 한정된 공간에 많이 싣기
힘들어, 배가 나오지 않은 새우젓 독이 개발됐다. 또 각 독
들 사이에 손을 넣을 수 있는 틈을 만드느라 밑동 지름이 입
지름보다 짧은 역삼각형의 독이 생겨났다는 추측이다. 굳이
새우젓만이 아니라 각종 젓갈을 담는 독으로도 쓰였다.

은 농도의 소금과 적절한 온도에서 익혀 먹게 된다. 여기서 '해저(海菹)'는 젓국지를 뜻한다.

《임원십육지》속의 김치들은 대부분《산림경제》나《증보산림경제》에서 인용된 것이다. 재료나 종류에서 여러 채소들이 많이 정리되고, 무가 부상했다. 무김치류에서 '담저(淡菹)'는 동치미이고, '황아저(黃牙菹)'는 무청김치다. '무염지(無鹽菹)'는 소금을 전혀 안 쓰고 청수(淸

멸치젓 독

곤쟁이젓 독

새우젓 독과 비슷한 형태이며, 이들 역시 젓갈과 함께 상품으로 유통됐을 것이다. 옛날 각종 젓갈 독을 굽는 옹기점은 바다와 가까운 곳에 자리해, 바로 배에다 싣고 출어하기 편하도록 돼 있었다.

우리나라 젓갈은 주로 수생동물을 20% 농도의 소금에 절여 삭힌 발효성 가공식품으로, 젓과 식해를 통틀어 일컫는다. 멸치젓은 봄에 담고, 새우젓은 음력 5월에 담는 오젓과 6월에 담는 육젓, 그리고 가을에 담는 추젓이 있다. 곤쟁이는 서해안에 분포하는 새우 종류의 하나로, 보리새우와 비슷하며 몸이 작고 연하다.

水)를 여러 번 갈아가며 익히는 것이고, 배추김치는 역시 담저법으로
담갔다.

이후 1849년 홍석모가 편찬한 《동국세시기(東國歲時記)》에서는
당시 서울의 김장 모습이 잘 설명돼 있고, 1934년 방신영(方信榮)이 지
은 《조선요리제법(朝鮮料理製法)》에서는 김치를 담그는 방법에 대해
현대식 조리 용어로 자세히 설명하고 있다. 《증보산림경제》에서 '속방'

《농가월령가(農家月令歌)》는 정약용의 아들인 정학유가 19
세기 초 경기도 동부 지역의 농가에서 살펴야 하는 일들을
월령식으로 적은 것이다. '시월령'에 김장과 관련된 내용이
나온다. "……무·배추 캐어 들여 김장을 하오리라/ 앞 냇물
에 정히 씻어 염담(鹽淡)을 맞게 하소/ 고추·마늘·생강·
파에 젓국지 장아찌……" 이후 홍석모의 《동국세시기》에
도 당시의 김장 모습이 나온다. 시월 월내조에 명확히 서울
풍속이라 밝히며 "서울 풍속에 무·배추·마늘·고추·소
금으로 김장을 해 독에 담는다. 여름의 장과 겨울의 김치는
곧, 민가에서 일 년의 중요한 계획이다"라고 나와 있다.

으로 소개됐던 김치가 비로소 완전 본류의 음식으로 다뤄진 것이다.

　우리 김치류에 대해 상고시대로부터 삼국과 고려를 거쳐 조선에
이르기까지 역사의 대강을 살펴보았다. 고려시대 후반에서야 처음으로
김치에 관련된 문헌을 볼 수 있어, 고대의 김치 발달 사적은 확실히 규
명하기 힘들다. 그러나 중국 문헌인 《후주서(後周書)》 등에서 "백제와
신라 때 오곡과채나 주례(酒醴, 술과 감주)의 생산이 중국과 같다"라는

강원도는 산악지대라는 지리적 특성 때문에 나무를 이용
한 독이 발달됐다. 통나무의 속을 파내서 통을 만들고 밑
받침을 끼워 고정시킨다. 운반하기 쉽고 깨지지 않으며 오
래 쓸 수 있는 장점 때문에, 옹기 독 대용으로 널리 이용됐
다. 사진의 독은 높이 128cm, 지름 80cm, 밑받침 지름
152cm, 두께 4cm로 국내에서 가장 큰 나무 독이다.

기록을 볼 때, 삼국시대에 이미 김치류의 제조도 있었을 것으로 생각된다. 또 이 시대는 중국과의 교류가 성했던 때라 《제민요술》에 나오는 과채들도 모두 있었을 것이다. 채소류를 절이는 방법도 중국의 것과 비슷했을 것이며, 아직 외래 재배 채소류가 도입되기 전이라 주로 산채류와 야생채류를 이용해 김치를 담갔을 것으로 보인다.

우리 민족은 고대로부터 산채나 기타 야생초를 절여 보존하면서,

발효저장식품인 김치를 보관하는 김칫독은 지방별 특성에 따라 매우 다양하게 발달했다. 평안도·함경도와 같이 추운 겨울이 계속되는 북쪽 지방에서는 김칫독이 매우 크다. 또한 남쪽에 비해 키가 작고 옆으로 퍼진 풍만한 형태적 특징을 보인다. 함경도 회령(會寧) 지방의 흑유 계통 그릇은 일찍이 널리 알려진 것이다. 피흑유에 짚 잿물을 입혀 짙은 회청색이 돈다.

반면 남쪽 지방의 독은 대체로 작은 편이다. 경기도·충청도의 중부권 김칫독은 키가 크고 폭이 좁아 날씬하고 예쁘게 생겼다. 경상도 지방의 독은 질감이 투박하고 둔하며 크기는 작은 편이다. 또 충청도 남부권의 독은 입구가 좁고 갸름한 형태이며, 전라도 지방의 독은 키가 작은 반면 옆으로 비대하게 퍼진 풍만한 형태를 보인다.

'담그고'·'삭혀'·'발효시키는' 자연식품의 저장 지혜를 터득했다. 이후 여러 재배 채소와 외래 약채(藥菜)나 향신초(香辛椒)들이 도입되면서, 이전의 야생채들과 섞어 새로운 형태의 절임 저장식품류들을 마련하게 됐을 것이다. 또 이런 외래 재배 채소들은 우리 풍토에 잘 적응한 뒤 뛰어난 품종으로 개량돼 다시 일본 등지로 건너갔다.

지금과 같은 우리 김치의 형태가 형성되기 시작한 것은 이런 외래

조선시대 후기의 해주독. 한국의 독이나 항아리들은 지역마다의 특성을 잘 담은 모양새를 갖추었으며, 대부분 도기(陶器)나 옹기(甕器)로 돼 있다. 그러나 관서 지방에서 나온 '해주독'은 사기(沙器)로 구워져 있어 매우 독특하다.

해주독의 정확한 발생 연원은 알 수 없으나 조선시대 후기 이후의 작품만이 많이 남아 있다. 형태나 모양 등에서는 청화백자의 영향을 받아 청화백자의 기법을 그대로 살린 것이 많다. 몇십 년 전까지만 해도 일반 가정의 대청마루 뒤주 위에 작은 목단 항아리들이 몇 개씩 포개어 놓여져 있었다. 청화로 예쁘게 그려진 조그마한 항아리들은 가정의 운치를 한껏 돋우었다. 그런데 관서 지방에서는 호기 있는 부자들이 큰 독들까지 청화백자 형태로 만들어 사용한 것이다. 해주독의 문양은 대체로 목단이 주축을 이루나, 물고기나 누각 등으로 장식한 것도 많다.

채소들, 특히 결구배추가 도입 재배돼 이를 주재료로 사용하면서부터다. 종래의 산채나 야생초를 곁들여 절이는 개량 절임인 혼합김치, 섞박지, 별미김치, 또 외래 재배 채소를 주재료로 한 통배추 절임 등이 자연적으로 젖산발효를 유도하게 됐으며, 여기에 갖은 향신제나 어패류의 발효 액즙인 젓갈, 생선과 축육류까지를 첨가해 뛰어난 효능을 경험함으로써, 김치는 차츰 오늘날의 고유한 모습으로 개발돼온 것이다.

이중으로 된 김치 항아리. 항아리 입구에 물이 흐를 수 있는 턱을 만들어 계곡에서 떨어지는 물이 턱의 주위를 돌아 흘러내릴 수 있도록 했다. 조선 말기 경상남도 합천 지방에서 사용했던 이중 독은 자연과 더불어 살려는 선인들의 지혜를 배울 수 있는 좋은 본보기다. 산에서 흐르는 계곡물을 이용, 더운 여름철에도 시원한 김치 맛을 느낄 수 있도록 된 이 독은 산과 계곡이 많은 합천 등지의 산악 지방에서 많이 사용됐다.

자배기.
둥글넓적하고 아가리가 넓게 벌어진 옹기그릇으로, 채소를 절이고 김치 양념을 버무릴 때 사용한다. 그외 부엌에서 음식물을 운반하거나 그릇을 씻는 데도 쓰이며, 보통 손잡이가 붙어 있다.

조상들은 익혀 먹는 시기의 길고 짧음에 따라 각 김치들의 보관 장소를 달리했다. 좀 일찍 먹을 김칫독은 장독대 응달에, 그보다 늦은 겨울에 먹을 것은 도장에, 겨울에 내어 봄에 먹을 김칫독은 땅에 묻었다. 그리고 보온·보습·통풍이 뛰어난 짚으로 막을 지어 김칫독을 적온으로 보관했다. 사진의 김치광은 유르트(Yurt)를 연상시키는 원추형의 집인데, '오가리'라고도 불린다. 현재 이런 유형의 살림집은 남아 있지 않지만, 강원도 삼척 등지에서 건물의 부속 형태로 찾아볼 수 있다.

조선시대 채소 시장의 풍경이다. 길고 홀쭉한 배추가 더미로 쌓여 있다.

김만조 박사는 김치의 어원을 '함채(鹹菜)'라는 말에서 찾는다. 함채는 '소금으로 처리된 채소' 또는 '소금으로 절인 채소'란 뜻으로부터 전래된 말이다. 중국어 발음으로는 '함차이(Hahm Tsay)' 또는 '감차이(Kahm Tsay)'인데, 이것이 우리말로 옮겨지는 과정에서 '김치(Kimchi)'로 된 것이다. 1966년 8월 폴란드 바르샤바에서 열린 제2회 국제식품이공학회에서 한국 김치의 영문 표기가 'Kimchi'로 정해졌으며, 처음으로 김치의 정의(定義)에 대한 논의와 결정이 있었다.

1910년대에 촬영된 김장 사진. 장독대에 장독이 그득한 것을 보니 대가(大家)의 김장날이다. 당시에는 대가족이 모여 살아, 웬만한 가정에서도 대여섯 항아리의 김장은 담그는 것이 보통이었다.

장독대 앞줄에는 소쿠리와 채반이 놓였고, 깍두기용으로 썬 무는 양철그릇에 담겨 있다. 우리나라에 양철이 일반화된 것은 1910년경으로 사진의 연대를 가늠할 수 있는 자료가 된다. 고춧가루는 굵은 것과 가는 것으로 나눠 담았으며, 절인 배추는 광주리에 담아놓았다. 양념은 넓은 옹기그릇인 자배기에서 버무리고 있다. 4명의 여인이 김장에 참여하고 있으며, 모두 비녀를 꽂지 않은 쪽머리를 하고 있다. 이 머리 모양은 일제시대에 들어온 것으로, 당시 양반가 부인들은 여전히 비녀를 꽂고 댕기로 치장했지만 대부분 상민 부인들 사이에는 이 쪽머리가 유행했다. 이로 미루어 집의 주인격인 부인은 김장에 참여하지 않은 듯하다.

1905년, 서울 보신각 옆에 마련된 임시 김장 시장 풍경이다.

상투를 튼 할아버지들이 시장에 내다 팔 무와 배추를 지게
에 잔뜩 지고 있다.

어느 여학교 기숙사생들을 위한, 실습을 겸한 김장 담그기
풍경이다.

1934년경 이화여전 가정과 교수인 방신영이 지은 《조선요리제법》이다. 해방 후 1952년에 《우리나라 음식 만드는 법》으로 개정돼 나왔다.

개성 출신의 어머니에게서 배운 조선 요리를 현대적 조리 기술 방법을 채용해 썼다. 김치 만드는 법을 '김장김치'와 '보통 때 먹는 김치'로 구분해 적었으며, 김장김치로는 통김치, 섞박지, 젓국지, 쌈김치, 짠지, 동치미, 깍두기, 지럼김치, 채김치를 들었다. 지럼김치는 김장김치가 익기 전에 먹느라 담그는 김치다. 당시 서울 지방의 김장김치 종류를 충분히 가늠해볼 수 있으며, 어머니에게서 배운 개성의 쌈 김치를 김장김치로 소개해놓은 것이 특이하다. 《증보산림경제》에서 속방(俗方)으로 소개된 우리 김치를 비로소 완전한 본류로 다루었으며, 처음으로 김장김치의 종류와 조리법을 구체적으로 밝힌 책이다.

근대 이후의 채소 시장 풍경들이다. 배추는 고려시대의 문헌에도 나오는 오래된 채소다. 그러나 이 배추는 품이 작고 속이 알차지 못해 널리 즐겨 먹는 음식의 재료는 아니었다. 오늘날의 배추는 재배가 쉽고 단맛이 나며 절임에 알맞아, 김치를 담그는 채소 중에서도 가장 큰 위치를 차지한다. 그래서 요즘에 김치라고 하면 대부분 배추김치를 뜻한다. 오늘날과 같은 통이 크고 알찬 통배추는 1850년대에야 비로소 우리 땅에서 육성 재배되기 시작했다.

일제시대 어느 여학교의 김장 실습 풍경으로 보인다.

전천후 시설원예로 사계절 내내 각종 채소류의 공급이 가능해졌다. 따라서 김치의 계절적 특성이 사라지고, 장기 저장 목적인 '김장'의 필요성이 감소돼가고 있다. 김치 제조의 과학화에 더욱 주력해 산업화 생산의 규정 공정을 마련하고, 해외 수출용 및 일반 가정 공급용 '상품 김치'의 대량생산이 절실한 때다.

근대 이후 마늘 시장 풍경이다. 마늘은 세계의 자연식품 중 세 번째로 영양가가 높다. 마늘 속의 아시린 성분은 항균력이 뛰어나 질병에 대한 저항력을 높여준다. 또 비타민 B1의 흡수를 촉진시키며 단백질을 빨리 소화시키는 작용이 있어, 마늘과 함께 육식을 섭취하면 영양 면에서 더욱 효과적이다. 마늘은 산(蒜)·대산(大蒜)·소산(小蒜) 등으로도 불린다.

김치가 숙성되는 원리는 주변 온도와 공기 등의 자연환경을 비롯해, 첨가 조미료가 재료의 생체조직에 작용하는 효능, 자생된 각종 미생물의 활동 등으로 이뤄지는 발효의 놀라운 과학 현상이다. 이 같은 발효 원리를 자연으로부터 터득하고 이를 이용한 채소 저장의 수단으로 김치를 담근 선인들의 지혜는 놀랍다. 김치는 콩을 발효해 만든 장유류, 곡물·과실로 제조한 주류(酒類), 식초 등의 양조 기술과 함께 현대과학이 증명한 인류 식사 문화의 백미다.

　　모든 김치에는 소금이 쓰인다. 양(量)은 지방과 계절, 개인이나 가정의 식습관에 따라 다르지만 소금의 중요한 역할은 어디서나 마찬가지다. 소금은 잡종류 미생물의 침입과 번식을 억제해 부패를 막고, 유효 미생물을 선택적으로 생육 번식시킨다. 또 채소의 숨 쉬는 세포를 죽임으로써 세포와 세포 사이의 성분을 교류시켜 효소 작용을 촉진시킨다. 이로써 채소 전체에 풍미와 지미(旨味)성분을 형성한다. 소금이 함유하는 '마그네슘염' 등은 채소 조직 속의 '페크틴' 성분을 경화(硬化)해, 김치의 독특한 매력인 아삭아삭 씹히는 맛을 만들기도 한다. 따라서 김치나 다른 절임류에 사용하는 소금은 정제염이나 식탁염이 아닌,

'보통염' 또는 '해염'을 쓴다. 마그네슘을 다량 포함하고 있어서 절임용으로 적합하기 때문이다.

김치를 익히는 동안 무거운 것으로 '눌림'을 올리는 것은, 식염 효과를 가속시켜 채소의 세포 속 즙(汁)을 빠르게 추출하며, 공기와의 접촉을 막아 채소가 뭉크러지는 것을 막기 위해서다. 이렇게 숙성 발효되는 동안 내염성(耐鹽性) 젖산균[乳酸菌]이 번식해, 독특한 김치 맛을 이룬다. 젖산균의 활동은 부패와 변질을 초래하는 잡균의 침입과 번식을 막는다. 이와 같은 숙성 원리는 모든 김치에 공통되며, 재료와 배합 조미료, 숙성 과정의 여러 상황에 따라 풍미와 품질에 약간씩 차이가 생긴다.

김치는 담그는 방법상 크게 두 가지로 분류할 수 있다. 하나는 재료의 선택된 조미 성분 형성만을 목적으로 담그는 물리적 작용에 의한 것으로, 즉석용 무침김치나 단기간 먹기 위해 담그는 김치류가 이에 속한다. 또 하나는 복잡한 미생물의 활동에 의한 화학적 반응을 거치는 장기 보존용 저장김치류다.

앞의 조미김치는 즉석용 생김치로, 발효 작용에 의지하지 않고 단순히 어떤 '맛'이 배도록만 무치는 것이다. 살균과 조미 기능을 겸하는 기본 물질로 채소에 맛을 입히는 것이다. '김치 샐러드', '김치 드레싱', '김치 베이스'처럼 다양한 식성을 위한 새 제품들을 개발해서 폭넓은 김치 시장을 개척할 수 있다. 즉석 조미 김치도 소금의 삼투압으로 채소 속의 수분을 제거한 후 재료의 자가분해-물컹거림, 부패-를 늦춘다는 초기 과정은 발효김치류와 비슷하다. 그러나 오랫동안의 발효로 독특한 풍미와 보존 기능을 가지는 저장김치류의 장점에는 못 미친다.

김치나 된장·간장·고추장·젓갈 등을 '담근다'는 말에는 '삭힌다'·'익힌다'는 뜻이 포함돼 있다. 유해균의 번식·발육을 저지해 부패를 막고 유익한 미생물과 효소가 작용해 재료들이 '담가'지는 것이며, 이 과정에서 복합적 발효 작용이 일어나 독특한 맛과 향을 생성하는 음식으로 '익는' 것이다.

김치 발효에 참가하는 유효 미생물은 기온이 낮을수록 활동이 원활해져 부패와 이상(異常) 발효를 막는다. 따라서 김치는 낮은 온도에서 보관하는 것이 가장 좋다. 식염 농도와 배합 조미료, 공기 접촉 여부 등에 따라 미생물들의 번식과 활동이 달라지므로, 이들 조건은 김치 전체의 맛과 품질에 큰 영향을 미친다.

소금에만 절인 김치를 그대로 숙성시키면, 처음에는 염분이 삼투돼 짠맛 외에는 나타나지 않는다. 시간이 지남에 따라 발효 작용으로 인한 신맛과 약간의 단맛이 생긴다. 이 맛이 미생물의 번식과 활동을 증명하는 '발효 맛'이며, '삭은 맛'과 '익은 맛'이다. 다른 양념이 첨가되면 양념에서 오는 맛과 미생물이 만든 맛이 혼합돼, 김치 특유의 맛이 형성된다.

김치 재료인 채소들은 토막으로 자른다 해서 금세 조직세포가 죽는 것이 아니다. 일정 시간 살아 숨 쉬는데, 조직이 죽지 않는 한 염분이 채소 속으로 들어갈 수 없다. 소금이 침투되지 않은 채소는 조금도 조직이 허물어지지 않아 조미료들이 배어들지 못한다. 채소와 액즙의 맛이 균일하지 않게 되는 것이다. 겉절이나 생채 무침은 이처럼 세포조직이 숨 죽지 않은 상태의 김치다. 그러나 어느 정도 시간이 지나면 염분의 삼투압에 의해 채소 조직 속의 수분이 축출되어 활성세포들은 숨이 죽는다. 이때부터 조미 성분이 채소에 스며들어, 즉 외부의 조미액이 세포 내부의 수분과 치환을 일으켜서 채소가 연해지고 안팎의 맛이 균일해진다. 채소를 끓는 물에 살짝 데치거나 그늘에서 약간 시들게 해도 조직세포를 숨 죽일 수 있다. 그러나 식염을 사용해 절이는 것은 세포의 수명을 더욱 단축한다. 이렇게 즉석 처리되는 김치는 바로 먹을 수 있으며, 식염과 양념의 농도, 주변 온도에 따라 삼투압의 속도와 미생물의 활동을 조절할 수 있다. 따라서 계절과 지역에 따라 김치 맛에 차이가 나는 것은 당연한 이치다.

김치류의 숙성은 주로 젖산발효에 의한 것이나, 발효 과정에서 젖산 외에 비휘발성인 호박산과 휘발성인 낙산, 또 프로피온산 등의 부산물이 생긴다. 익은 김치 특유의 향미는 이 모든 것들의 화학 작용에서 비롯된다. 아직 이 물질들이 어떤 상황에서 생성·도태되는지는 화학적으로 명백히 규명되지 않았다. 그래서 식초·양조주·장유류·젓갈류 같은 발효음식의 맛을 인공적으로 흉내내지 못한다.

김치가 익는 과정에서 만약 젖산발효가 일어나지 않는다면, 채소는 식염에 의해서만 절여진다. 발효가 없는 '절임' 기간이 더욱 길어질 것이며, 이는 발효식품의 맛과는 전혀 다른 단순한 염장식품일 뿐이다.

숙성에 관여하는 각종 유기산은 새콤달콤한 김치 맛을 만들며, 호박산과 아미노산 종류가 많이 생길 즈음 가장 좋은 맛을 낸다. 이때 비타민 C의 양도 최고치에 이르게 된다. 장유류·식초 등은 물론 맥주·포도주의 중요한 맛도 호박산으로부터 온다. 이처럼 호박산과 젖산이 생성 함유된 음식은, 쉽게 흉내 낼 수 없는 독특한 풍미를 지니게 된다.

양념으로 첨가되는 단백질 분해물 또한 김치 맛의 형성에 관여한다. 장유류 맛의 주성분도 단백질 자체가 아니라 그 분해 물질인 아미노산이다. 김치에 첨가하는 젓갈은 단백질 분해 물질로, 적은 양으로도 맛에 큰 영향을 미친다.

김치는 효모에 의해 여러 화학 성분 중 당분이 발효돼 '에스테르'를 생성하고, 유해 잡균을 억제했을 때 가장 맛이 뛰어나다. 이후 젖산균의 발육이 진행되면서부터는 주정(酒精)과 당분이 소모돼, 점차 신맛을 더하고 산패해간다. 그러므로 김치가 익는 도중 적당히 공기를 통하게 해 젖산균의 지나친 발육을 막는 것이 좋다. 김치를 대량생산하는 경우는 대부분 용기에 산소 공급 장치가 부착돼 산패를 지연시킨다.

김치를 대량생산하기 위해서는 숙성의 최적 조건을 선택해, 이를 잘 관리해줘야 한다. 현재 우리나라 공장들은 김치 제조의 이론과 실제를 일치시키지 못하는 몇몇 어려움들을 겪고 있다. 특히 대량의 신선한 재료를 동시 처리하는 연속 공정 체계가 미흡한 것이 김치 산업화 현장의 실태다.

그런데 해외에서는 이미 서양의 피클류처럼 다양하고 새로운 맛의 김치를 개발해, 저온 보관하거나 방산화제를 첨가시키는 등으로 산업 규모의 김치 제품을 생산하고 있다. 이것이 국제화시대에 걸맞은 김치로 만들어져 국내시장에 역수입될 수도 있다. 유럽의 포도주를 미국에서 상품화해, 다시 유럽 나라들로 수출하는 경우와 같다. 어엿한 종주국을 제치고 세계시장에서 일본 김치, 미국 김치, 영국 김치라는 김치 상품들이 난무하기 전에, 식품으로서의 김치, 문화로서의 김치, 과학으로서의 우리 김치를 알리기 위해 더욱 분발해야 할 때다.

김치의
일생을
읽다

1   가꾼다

우 리 밭 농 사 는 , 마 치 아 이 안 고
어 루 만 지 고 쓰 다 듬 고 긁 어 주 고
어 르 듯 이 정 성 을 다 한 다

개화기 한국에서 전도 활동을 했던 기독교 선교사 게일이 한국 사람들 밭농사 짓는 것을 보고 '농사가 아니라 원예(園藝)'라고 한 말은 유명하다. 유럽에서 밭농사는 밭 갈아서 씨앗 뿌리고, 다 자라면 거둬들이기만 하면 된다. 그리고 부지런한 사람이 웅어리진 흙덩이만 깨주면 그만인 것이다. 삼포식 농사라서 거름 줄 필요가 없고, 또 건조하고 추워서 병충해도 없다. 씨앗만 뿌리고 방치해두면 손 한번 쓰는 법 없이 절로 자라고, 다 자라면 거둬들이기만 하면 되는 그런 농사다. 곧 유럽의 농사에는 가꾼다는 개념이 없다. 있다 해도 미미하다. 이에 비해 우리 밭농사는 마치 아이 안고 어루만지고 쓰다듬고 긁어주고 어르듯이 손을 많이 써야 한다.

땅을 놀려 제 힘으로 지력(地力)을 기르게 하는 삼포식의 여유가 우리 국토에는 없다. 더욱이 김치의 재료인 채소는 이모작 · 삼모작인지라 걸구지 않으면 안 된다. 걸구는 데도 정성을 들이지 않으면 어떤 방식으로든 그 부족함의 대가를 받는다는 생각이 신앙처럼 확고했었다. 이를테면 채소밭 거름으로 선호했던 오줌도 내방 오줌과 사랑방 오줌으로 갈라 받았다. 어릴 적 숙녀 전용인 안오줌 항아리와 신사 전용인 바깥오줌 항아리를 잘 모르고 오줌을 누었다가 야단맞은 기억도 난다. 고추 · 가지 · 깨 같은 결실 채소에는 여뇨(女尿)가 좋고, 무 · 마늘 · 당근 같은 뿌리가 굵어야 하는 근실 채소에는 남뇨(男尿)가 좋다고 여겼다. 과학적 근거가 있어서가 아니라 주술적인 효과를 노린 정성이다. 어릴 적 할머니 따라 남새밭에 가면 할머니는 눈 감으신 채 고추밭 흙을 손에 만져보고 올해 고추는 덜 맵겠느니, 또 손가락을 땅속에 찔러보고 감자가 덜 굵겠느니 하는 말을 곧잘 했다.

씨앗 뿌릴 때도 아무나 뿌리는 법이 없었다. 채소의 씨앗을 뿌리거나 채소를 이식할 때는 가급적 다산녀(多産女)의 품을 비싸게 사서 시키고, 근실 채소를 뿌리거나 옮겨 심을 때는 아들 많이 낳은 장정의 품을 빌려 했다. 가물면 물을 뿌려주고 비가 많으면 골을 파주었다. 날이 추우면 짚으로 덮어주고, 땡볕이 계속되면 짚으로 발을 얽어 가려주었다. 흙이 굳으면 긁어주고, 뿌리가 드러날 성싶으면 흙을 덮어주었다. 바람이 세면 대를 세워 묶어주고, 가지가 처지면 쳐들어 매주었으며,

한 줄기에 꽃이 많으면 서로 싸우느라 크지 못한다 해 꽃을 따주었다. 그 많은 푸성귀 낱낱에 손이 안 간 포기 하나 없었으니, 한국의 밭 푸성 귀는 어머니의 체온 속 그 훈김으로 자란다 해도 대과가 없는 것이다. 그러했기에 작물을 재배한다는 동사로서 '가꾼다'는 말을 쓰는 나라는 우리나라밖에 없을 것이다. 가꾼다는 말은 본래 몸을 매만지고 꾸미고 바르게 해, 단정하고 곱게 보이게 한다는 인간 동사다. 이 인간 동사를 채소에까지 연장해 쓰는 나라는 우리나라뿐이며, 이에서 인간의 아류 인 동물을 뛰어넘어 식물에까지 휴머니즘을 투영시키는 한국의 인간철 학의 구현을 보는 것이다.

이렇게 우리 조상들은 제 몸 가꾸듯 푸성귀를 가꾸었다. 손이 많 이 갈수록 푸성귀가 잘 자랄 뿐 아니라 손의 훈김이 푸성귀에 자주 듬 뿍 닿을수록 맛이 더한다고 여겼고, 또 그렇게 가르쳐 내방문화로 계승 시켜 내렸던 것이다. 명문 가문으로 시집가면 시어머니에게서 시집살 이 테스트라 할 수 있는 복문(伏問)을 받는다. 시어머니 앞에 불려나가 큰절을 하고, 그 엎드린 자세로 질문에 응답해야 한다. "양아십조(養兒 十條)를 외워라" 하면 "등을 따습게 함이 그 하나요, 머리를 차게 함이 그 둘이며, 울음이 멎기 전에 젖을 먹이지 않음이 그 셋이라"는 식으로 육(育)의 지식을 외운다. 이어 음식 짓는 법인 '내칙십조(內則十條)', 길쌈·바느질·빨래 솜씨인 '봉임십조(縫紝十條)', 태교나 구황식 택일 등을 묻는 '청낭십조(靑囊十條)', 그리고 푸성귀 가꾸는 텃밭 일인 '전

가십조(田家十條)'를 물었다. 이를테면 그중 "푸성귀 심는 적소가 어데 어데인고" 하고 물으면 그 대꾸는 이러해야 했다. "무·배추·아욱·상추/고추·가지·파·마늘을/색색이 분별하여/빈 땅 없이 심어놓고/외밭은 따로 하여 거름을 많이 하고/울 밑에는 호박이요/처맛가엔 박을 심고/담 아래는 동아 심어/너스레 얽어 올려/내 자식 버금가게 어르고 쓰다듬으면/제 아니 자라지 않으오리까." 텃밭 푸성귀를 내 자식 버금으로 어르고 손을 쓰는 내방 전통이 이런 식으로 전승돼왔던 것이다.

2   다듬는다

재료를 다듬는 순간부터 음식에
손맛이 들기 시작한다

독일계 미국인 아내와 사는 친구가 있다. 우연한 기회에 이 부인이 콩나물 다듬는 것을 본 일이 있다. 콩나물 한 주먹을 가지런히 쥐더니 세게 튼 수돗물에 들이대 대가리에 씌워진 껍데기를 벗겼다. 그리고 콩나물을 도마에 얹어 뿌리를 일정하게 잘라내버리는 것이다. 곧 한 주먹의 콩나물이 1분 안에 다듬어졌다. 합리주의 지향의 서양 사람들은 작업 효율로 보더라도 노력이 적게 드는 이 방법을 능률적이라고 할 것이다. 만약 사람의 손으로 콩나물국 안에 든 그 많은 나물 낱낱의 껍데기를 벗기고 뿌리를 무질러냈다면 곧이 듣지도 않으려니와, 굳이 그렇게 비능률적으로 일할 필요가 있는가 하며 의아해할 것이다.

콩나물뿐만 아니라 시금치·갓·미나리 같은 모든 푸성귀들은 낱낱이 사람의 손으로 시든 잎을 떼고 뿌리를 무질러내며 이물들을 골라

내고 다듬는 과정을 겪게 마련이다. 물론 개별화시키지 않고 집체화해 가리고 버리고 추리고 할 수도 있다. 하지만 그것이 낱낱이 하는 것보다 정결할 수는 없다. 또 집체적으로 작업하면 작은 것은 누락되고 큰 것은 손실을 입는다. 효율은 높지만 양적인 손실과 질적인 저하가 따른다. 거기에 우리 조상들의 생명관이 투영된다. 모든 작물에는 가급적 칼 같은 인물(刀物)을 대 생명을 파손시켜서는 안 된다는 심정적 패러다임이 무의식적으로 작용하고 있다. 칼뿐만이 아니다. 미나리 다듬는 데 손톱을 쓰면 봄미나리 특유의 살진 맛이 가신다 해 손톱이 닿지 않게 다듬었다. 먹기에 너무 크면 칼로 자르지 않고 잎새를 갈라 잘게 만드는 것이 푸성귀가 지닌 제 맛을 보존하는 것으로 알았다. 사람 살에 칼을 대면 피가 흐르듯, 푸성귀에도 칼을 대면 그 맛을 좌우하는 피가 흘러버릴 것으로 알았다. 칼을 쓰지 않고 푸성귀 낱낱을 손가락으로 다듬고 가르는 이유가 이에 있으며, 그래서 시간이 걸릴 줄 알면서도 묵묵히 개별 작업을 했던 것이다.

옛 어머니들은 손으로 다듬은 푸성귀의 맛과 그러하지 않은 맛을 분간할 수 있었다. 다듬을 때부터 바로 손가락 맛이 들기 시작하기 때문이다. 음식 만들 때 정성을 들일수록 맛이 난다는 것은 과학이다. 다듬는 것은 음식 만들 때 정성을 들이는 첫 과정이다. 낱낱을 다듬는 과정에서 들인 정성은 그 후의 모든 요리 과정에까지 이어진다. 많은 정성의 축적인 음식은 상대적으로 정성을 덜 들인 음식보다 맛이 좋을 수

밖에 없을 것이다. 옛 어머니들이 다듬는 정성의 농도에 따라 맛을 감별했던 것이 사실이었음을 미루어 알 수 있다.

외국의 요리 용어에는 '다듬는다'는 말이 없다. 우리말에서도 다듬는다는 것은 원래 요리 용어가 아니다. 몸을 '가다듬는다'는 말이 있듯, 다듬는다는 것은 '정제(整齊)한다'는 뜻이다. 먹기에 알맞게 정제하는 과정이 다듬는 행위다. 아들딸을 가다듬을 때, 개성과 용모에 따라 머리 모양은 이렇게 또 저고리 모양은 저렇게 하는 식으로 낱낱이 손봐주어야 어울리는 차림이 되지, 그렇지 않고 전체를 일률적으로 다루어 비개성화한다면 그 차림새가 어떻게 되겠는가. 합리적 사고로는 이해하기 힘든 한국의 다듬이 문화에는 전통사회의 사회적인 임팩트도 작용했다고 본다. 여가란 없을수록 소중한 것이요, 남아돌수록 액물이다. 너무 남아돌면 권태의 한계를 넘어 고통으로 작용하고, 고통의 한계를 넘으면 염세의 요인으로까지 발전한다. 우리 전통 가정에서의 부녀자들은 문 안에서 반연금 상태로 수천 년을 살아왔다. 아무리 일이 많아 혹사당한다 해도 연금 상태에서는 여가가 남게 마련이며, 이 여가의 공포와 싸우는 모습들에서 한국 여성사의 특성을 찾아볼 수 있다. 그래서 우리 가사 문화에는 쉽게 할 수 있는 것도 일부러 사서 하는 일의 형태가 비일비재하다. 푸성귀 다듬는 것도 바로 이런 여가와의 싸움이요, 낱낱이 손질함으로써 공포의 여가를 손가락 끝에서 일산시킨 일이었다.

또한 다듬이 문화는 폐쇄된 옛 부녀자들의 사교 시간을 벌어주는 수단이기도 했다. 볕이 좋은 마루에 가족·친지·이웃들과 둘러앉아 도란도란 세상 얘기도 하고 정보도 주고받는 커뮤니케이션 시공(時空)을 다듬이 문화가 제공한 것이다. 담 밖으로 지나가던 마을 여인네와 툇마루에서 푸성귀 다듬는 안식구와의 대화도 자연스럽게 이루어지곤 했다. 이처럼 다듬는다는 동작에는 동작 가치 이외의 부가가치가 많았고, 그렇기에 합리적이지 못하면서도 면면히 이어져내린 것일 게다.

3 씻는다

모든 푸성귀는 세벌 씻고도 맑은
물에 여러 번 헹구었다

아내요 주부를 뜻하는 '부(婦)'는 계집 '녀(女)'자와 빗자루 '추(帚)'
자의 모둠 글씨다. 곧 '비질을 하는 여인'이란 뜻이다. 여자가 성인이 되
면 씻는다는 운명과 더불어 살아간다 해서 생겨난 말일 것이다. 일설에
의하면 이 빗자루는 생활 속의 씻어리를 하는 비가 아니라, 제사를 지
낼 때 신명을 모셔오는 절차에서 잡귀를 쫓는 데 사용하는 비라고 한다.
고대사회에서 신명에게 드리는 제사는 여자가 도맡았기에 그럴 가능성
도 없지 않다. 어쨌든 한국에서 여자의 운명과 존재는 씻어리를 떠나서
생각할 수 없을 만큼 그와 밀접하다.

옛 어머니들은 매일 서천에 달이 지기 전에 일어나서 샘에 비친 달
그림자를 두레박으로 길어야 했다. 이를 "용란(龍卵)을 긷는다"고 한다.
용란을 길은 다음 샘물로 얼굴과 머리를 씻어 재계(齋戒)를 한다. 그리

73

고 용란을 담은 정수라를 동녘 담 아래 놓고, 먼동이 틀 무렵 큰절을 하며 가문의 소원과 평온을 빌었다. 이렇게 여자의 하루는 몸을 정결하게 하는 씻어리로 시작되었다. 의생활의 씻어리를 '빨다' 하고 주생활의 씻어리는 '쓴다' 하며, 식생활의 씻어리는 '씻는다' 해, 여인의 하루는 이 씻어리의 순열조합으로 구성됐던 것이다.

그중 식생활의 씻어리는 비교 문화의 한 패러다임을 이룬다. 샐러드 같은 날음식이 전혀 없는 것은 아니지만, 서양의 모든 요리는 삶거나 굽는 과정을 거치는 것이 상식이다. 삶거나 구우면 열로 인해 식품 재료에 붙어 있는 세균이나 오예물이 사라진다. 그래서 그 요라를 먹고 탈이 생기는 일이 많지 않다. 익히는 과정을 염두에 두기에 날것의 재료를 청결하게 할 필요가 덜하게 마련이다.

이에 비해 한국 음식, 특히 푸성귀 요리는 날것이거나 가열을 하더라도 살짝 데치는 경우가 많기에, 날재료를 깨끗이 하지 않으면 안 된다는 마음가짐이 생기게 된다. 그래서 모든 푸성귀는 세벌 씻는 게 관례다. 세벌 씻고도 맑은 물에 헹구는 과정을 게을리해서는 안 된다. 세벌 씻지 않으면 아들을 못 낳고, 헹구기가 깔끔하지 못하면 태어나는 아기의 얼굴이 검어진다는 금기어까지 생겨났다. 또한 채소 씻어놓은 걸 보고 그 여인의 속살 예쁘고 미운 것을 가늠하는 규방 관습도 있었다. 속살 예쁘다는 것은 바로 성생활을 행복하게 할 수 있다는 뜻이요, 속살 밉다는 것은 성생활을 만족시키지 못한다는 뜻이다. 무나 배추를 비롯한 모든 푸성귀는 뿌리 근처의 겹친 잎새 사이사이, 속칭 사타구니 부위의 청결이 가장 중요하다. 중요한 걸 알면서도 잎새를 낱낱이 젖혀 씻어내기가 힘들기에, 게으르거나 찬찬하지 못한 여인은 소홀히여기게 마련이다. 채소의 사타구니 갈무리도 제대로 못하는 여인이 제 것의 갈무리인들 잘하겠느냐는 유추에서 형성된, 역시 씻어리를 둔 금기일 것이다.

옛 어머니들은 고추가 잘 마르면 마당에 멍석을 깔아놓고 마른 고추의 낱낱을 깨끗한 행주로 닦았다. 마치 손자 목욕시키고 수건으로 닦아주듯 했다. 3·5·7 홀수로 고추 낱개를 닦고 행주 빨기를 거듭하는 것이 관례였다. 사내아이 낳았을 때 금줄에 붉은 고추를 끼워두듯, 고추는 사내아이의 상징이다. 거기에 짝수는 음기(陰氣)로 계집아이, 홀수는 양기(陽氣)로 사내아이를 역학적으로 상징한다. 고추를 홀수 번으로 닦는 것은 그 고추를 먹을 아버지나 아들에게 아들 낳을 주력을 주입시키는 행위로 볼 수 있다. 음식 재료의 세척에 소원을 담는 음식 문화가 이 세상 어느 나라에 또 있을 수 있다는 말인가. 고추를 낱낱이 닦는 것은 말린 고추에 묻은 먼지를 물로 씻을 수 없다는 물리적 이유도 있으나, 음식 재료의 미세한 단위에까지 정성을 들여 손맛을 스미게 하려는 한국의 음식철학과도 무관하지 않다. 한국 음식에는 물리적 맛 외에 정서적 알파까지 곁들여져 있음을 이 고추 씻어리에서 절감할 수 있다.

4 썬 다

<u>우 리 나 라 는   채 소 를   조 리 할   때</u>
<u>가 급 적 이 면   쇠 칼 로   써 는   것 을   피 했 다</u>

《대지》의 작자 펄벅 여사가 한국에 처음 온 것이 1960년이다. 경주 관광을 하던 도중 융숭한 한식 상을 받았을 때 일이다. 무채 썰어놓은 가닥을 들어 나에게 보이며, 혹시 기계로 썬 것이 아니냐고 물었다. 서양이나 중동 사람이라면 손으로 그토록 가늘게, 또 크고 작음 없이 가지런하게 썬다는 것이 거의 불가능한 일이기에 이해가 가는 질문이었다. 기계가 아니라 손으로 썬 것임을 여사에게 납득시키는 데 별반 힘들지는 않았다. 왜냐하면 여사는 동양 문화나 사상에 대한 이해가 깊기 때문이다. 그때 펄벅 여사가 기계로 썬 것이 아니기에 한결 맛있다며 무채무침을 한 접시 더 갓다 먹던 생각이 난다.

손바닥과 손가락의 재간을 좌우하는 장장근(長掌筋)이 한국 사람에게 유별나게 발달했다는 것은 생리학의 상식이다. 손을 쓰면 쓸수록 장장근이 발달하고, 손을 쓰지 않으면 장장근은 퇴화한다. 서양에서는 합리주의의 발달로 기계화가 빠르게 진행돼, 손을 많이 쓰는 생업과 가사에 기계화가 급속히 진행되었다. 18세기 이래 손을 쓰지 않고 살아왔고, 따라서 손재간이 무디어져 연필을 제대로 깎는 청소년이 없으며 부엌에서 칼과 도마가 없어진 지 오래다.

썰기로 든다면 미세성·균제성·정확성에서 한국 사람 따라갈 이가 없다. 하지만 우리나라는 채소 조리에 있어 써는 동작을 기피하거나 가급적이면 삼가해왔다. 채소에 철물을 대면 맛이 반감한다는 조리 철학에서였다. 궁중에서는 김장을 할 때 무를 자르거나 무 껍질을 긁는 데 쇠칼을 쓰지 않고 대나무칼을 썼다. 봄이 되면 국거리로 나물 캐는 것이 소녀들의 일이었는데, 나물 캐는 칼도 근년에 쇠칼이 등장했지 본래는 대나무 칼이었다. 여염에서도 마늘이나 생강을 썰 때 칼을 쓰는 법이 없었다. 모두 다지거나 으깨어서 썼으며, 고추는 돌확에 갈아 썼다. 모든 김치는 칼을 대지 않고 통째로 담그는 것이 원칙이었다. 발효는 우리 조상들에게 신명이 좌우하는 신비스러운 과정이었다. 그 과정에서 쇠가 닿은 것이 있으면 신명이 노하거나 싫어해 음식이 제대로 안 된다는 신앙이 이 철물 기피 문화의 배경에 깔려 있다.

담가진 김치를 먹을 때도 칼을 대면 그 특유한 맛이 달아난다 해, 써는 행위를 가급적 삼갔다. 써는 대신 찢어놓거나 손으로 무질러놓았다. 써는 것을 거부하는 우리 풍습은 동서 문화를 비교해보는 좋은 패러다임이기도 하다. 곧 서양 문화는 인공적일수록 가치를 발휘하고, 한국 문화는 자연적일수록 가치를 발휘한다는 차이가 썰기 문화를 해석하는 하나의 실마리가 될 수 있다. 우리나라에 많이 들어와 있는 LA 갈비는 소 늑골의 형태를 파괴해서 가로로 자르는데, 우리 갈비는 갈비의 형태를 자연 그대로 보존해 세로로 자른다. 갈비뿐만 아니라 모든 자연물의 가로 절단은 원형 파괴율이 높고, 세로 절단은 원형 보존율이 높다. 채소 · 과일 · 육류 등 모든 식품 재료의 결이 대체로 종적이기 때문이다. 오렌지나 네이블 오렌지 같은 귤류도 서양의 식탁에는 가로로 썰어 내는데, 한국에서는 생긴 결대로인 세로로 낱낱이 떼어 먹는다. 우리 조상들이 무나 오이 김치는 세로로 자르고 배추김치는 가닥으로 잘라 먹는 것도 이 패러다임의 투영이 아닌가 싶다. 그래서 가급적 원형 파괴를 하지 않고 먹는다는 음식 철학에서, 파괴 행위인 '썬다'는 동작이 기피되었음직하다.

특히 조상이나 신명에게 바치는 제사상에 과일이나 김치 무리를 놓을 때는 통째 놓아야 한다. 닭을 삶아놓을 때도 통째로 내놓아야 한다. 철물인 칼을 대 써는 것을 신명이 싫어하기 때문이다. 고대의 원시적 사고에서 쇠는 사악한 주력(呪力)을 지닌 것으로 알려졌다. 조선조 헌종이 얼굴에 종기가 났는데 철물을 대면 안 된다는 금기 때문에 칼이나 침을 못 대고, 광대를 데려다 웃기어 종기를 터뜨렸다는 이야기는 유명하다. 고대 그리스나 이스라엘 신전에는 철물을 들고 들어가지 못했으며, 힌두교에서도 암흑의 말세를 쇠가 지배하는 시대로 규정짓고 있다. 헤로도토스의《역사》에서도 쇠의 발견은 인류에 재앙을 몰고 온 원흉으로 지탄 받고 있다. 이와 같은 철물에 대한 인류학적 사고가 한국의 써는 문화에 잔영을 드리웠다고 본다.

5   간 다

우리 음식의 조리에서 '간다'는 동작은
마술처럼 정교하고 신비롭다

　　딸을 시집보내고 석 달 열흘이 지나면 친정아버지가 딸의 집을 방
문하는 관습이 있었다. 시집 어른에게 잘 보살펴달라고 부탁하기 위한
뜻도 있고, 딸이 어떻게 사나 보고 싶기도 하기에 생긴 관습일 것이다.
그런데 이 친정아버지의 딸네 나들이에는 부가가치가 하나 더 있었다.
친정아버지가 딸에게 줄 선물로 등에 돌확〔石터〕을 무겁게 지고 갔던
것이다. 살림에 보태주려는 뜻에서가 아니었다. 돌확은 확 속이 매끄럽
게 정제돼서는 안 된다는 불문율이 있다. 그 속에 보리를 갈면 보리알
이 박힐 만큼 거친 조제품이어야 했다. 귀여운 자식의 고된 시집살이를
도와주는 것이 아니라 오히려 더 힘들게끔 조제품을 갖다주는 이유는
무엇일까. 친정아버지의 돌확들이에는 "돌확이 매끄러워질 때 남편 맛
을 안다"는 속담이 따르고 있다.

이 속담이 '간다'는 동작에 대한 한국적 철학을 내포하고 있다. 그 하나는 일을 꾸준히 해서 돌확이 매끄럽게 닳을 때쯤이면, 일의 괴롭고 힘들고 하기 싫은 고비를 넘기게 된다는 삶의 지혜다. 그 둘은 시집에서 당하는 마음의 고통을 극복하는 수단으로써의 확 갈이질이다. 시집 살이는 스트레스의 연속이다. 하지만 그 정신적 압력을 발산시킬 어떤 수단도 갖지 못한 것이 며느리다. 그럴 때마다 일을 만들어 돌확을 갈 아대는 것으로 마음의 아픔을 발산하라는 것이 친정아버지의 슬프디슬 픈 배려다.

시집살이에서 시어머니가 며느리의 불만을 감지하는 세 가지 척 도가 있었다. 부엌 강아지 깨갱거리는 소리가 그 하나다. 며느리가 시 어머니로부터 스트레스를 받으면 부엌에 두고 기르는 강아지 배를 걷 어차는 것으로 감정을 대리 발산한다. 부엌 강아지는 억울하지만 그렇 게 차이는 대가로 며느리에게서 밥을 얻어먹기에 참아야 한다. 부지깽 이 타들어가는 길이로도 며느리의 불만을 가늠했다. 불만이 클수록 부 지깽이짓을 필요 이상으로 하게 되기 때문이다. 마지막 불만 감지 수법 이 바로 확질할 때 나는 소리다. 별나게 마찰음이 강하다는 것은 곡식 을 간다기보다 불만을 발산하는 것이다. 돌확은 가사 도구이기 전에 심 리적 생필품이었다.

맷돌 같은 마석기(磨石器) 문화에서는 어느 나라 어느 민족이건 그 행위 자체에 섹스를 유감(類感)시키고 있다. 폴리네시안은 맷돌질로 성교육을 시키며, 아프리카의 부간다족 추장은 많은 후처 가운데 맷돌질을 잘하고 많이 하는 처를 동침자로 선정한다고 한다. 돌확 속이 매끄러워질 때 남편 맛을 안다 했음은 우리나라에서도 '간다'는 행위가 은밀히 섹스를 유감해왔음을 가늠케 한다. 한국에서 돌확은 여인의 일생이요 그 여인의 아이덴티티였다. 그래서인지 우리 전통사회에서 다른 요리 도구들은 주인이 정해지지 않은 공유물인데, 돌확만은 시어머니의 돌확이라든지 새아기의 돌확이라든지 하는 소유가 정해져 있었다. 그래서 남의 돌확에 가는 행위를 기피하고 싫어했다. 허락을 맡고 쓰는 것이 법도였다. 돌확의 소유 개념은 친정아버지가 갖다주었다고 해서라기보다 섹스 유감과 무관하지 않을 것이다.

우리 조상들은 음식 재료를 파쇄(破碎)하는 방법의 차이에서 나는 미각의 차이에 별나게 민감했다. 칼로 썰었을 때의 맛과 손으로 무질렀을 때의 맛 차이를 감별해냈듯이, 양념으로 고추를 다졌을 때의 맛, 손으로 으깼을 때의 맛, 절구로 빻았을 때의 맛, 그리고 돌확에 갈았을 때의 맛이 다름을 알았고, 또 조리마다에 구분해 썼다. 같은 재료니까 같은 맛일 거라는 합리주의적 사고로는 해석이 안 되는 대목이다. 고추를 돌확에 갈 때도 분쇄 정도를 세가름해 그 가름에 따라 좌와 우로 가는 횟수가 달랐다. 회전 방향과 횟수만 다른 것이 아니었다. 돌확을 누르는 압력도, 팔꿈치 힘, 어깨 힘, 허리 힘으로 나누었고, 파쇄 정도의 가름에 따라 그 힘들을 번갈아 씀으로써 김치 맛이 달라짐을 알았다. 곧 한국에 있어 맛은 요리의 역학(力學)에서 우러나기도 한다.

여름김치인 열무김치를 담글 때 고추는 반드시 갈아 써야 한다. 갈지 않고 잘게 썰거나 으깨어 쓰면, 열무의 풋내가 사라지지 않고 또 쉽게 쉰다고 한다. 열무김치에는 밥을 짓이겨 넣는데, 밥도 고추처럼 갈아 넣거나 짓이겨 넣음에 따라 김치의 산패(酸敗)에 영향을 미친다고 한다. 우리 음식의 조리에서 '간다'는 동작은 하나의 마술처럼 정교하고 신비롭다.

6　　절인다

'절인다'는 것은 조금씩 서서히 간이
배게 하는 과정이다

　　고대 원시적 사고방식에서는 어느 한 물질을 다른 물질로 변형시
키는 것은 신명이나 할 수 있는 일로 여겼다. 인간이 할 수 있는 한계
를 초월한 공작이요, 인간이 하더라도 신명의 영력이나 차력을 입어 가
능한 것으로 알았다. 철물을 변형시키는 대장장이가 원시사회의 초월
적 존재로 군림했던 것도 그 능력에 신명의 개입을 인정했기 때문이다.
그러하듯 우리 조상들도 음식의 질적인 변형에는 반드시 신명이 개입
하는 것으로 믿었다. 술과 떡을 빚거나 장이나 김치를 담그는 등, 음식
에 질적인 변형을 가할 때는 그 신명을 상정해야만 했다. 음식 변형에
서 가장 빈도 높은 수법이 발효다. 따라서 발효 과정에는 반드시 신안(神
眼)적 알파가 부가되게 마련이다.
　　신명의 노여움을 사면 그해 음식의 발효 과정에서 무언가 잘못되

고, 잘못되면 음식 맛이 없어진다. 그래서 초월 능력에 대한 배려가 한국 음식 문화에 개입된 것이다. "정성이 부족해 호박떡이 설었다"는 말도 있듯, 발효음식이나 양조음식이 잘못돼 맛이 없으면, 그 작업을 한 주부가 신명에 대해 불손했다는, 곧 정성이 부족했기 때문으로 돌리고 주부로서의 자질에 부정적 평가를 내렸다.

　김치 담글 때 첫 질적인 변형 작업은 소금에 절이는 과정이다. 그저 물에 소금을 풀어 배추나 무를 담그면 되는 것이 아니다. 옛 어머니들은 김장거리를 절일 때 손이 없고 살이 박이지 않은 날을 택했다. 그리고 그 이레 전부터 재계(齋戒)를 했다. 시대에 따라, 지방과 가문에 따라 재계 방식은 달랐지만, 여느 양조 및 발효음식을 만들 때와 비슷했다. 상가나 흉사가 있는 집, 또 짐승 도살한 현장에 가서는 안 되며 그 근처에 얼씬거려서도 안 됐다. 남과 말다툼하거나 울어서도 안 됐다. 부정한 것을 보고 듣거나 부정한 말을 했으면, 본 눈, 들은 귀, 말한 입을 씻어야 한다. 이를 눈씻이 · 귀씻이 · 입씻이라 한다. 남편과 동침해도 신명의 시샘을 받는다 했으니, 그 신명은 여신이었던 것 같다.

　절이는 작업을 할 때도 일하는 아낙들의 입을 창호지, 곧 조선 종이로 봉했다. 말하는 것을 물리적으로 봉쇄시킨 셈이다. 말을 하면 침이 튀니까 그를 막기 위한 위생관념에서 봉쇄한 것이 아니다. 여자는 음양 철학에서 음(陰)이다. 말을 하면 내장된 음기가 입을 통해 배출된다. 맛을 들이는 변조 과정이란 음양의 적절한 조화이어야만 하는데,

절이는 일을 하면서 과다하게 음기가 노출되면 음양의 균형이 이지러져 음식 맛이 없어진다는 것이다. 발효 작업을 앞둔 부녀자들의 공통 금기 외에, 절이는 작업 직전에만 있는 금기가 있다. 시어머니 · 시할머니 · 시고모 등 시집 식구로부터 오는 스트레스에서 작업하는 며느리를 보호해야 하는 점이다. 김장거리 절이는데 며느리의 심기가 불편하고 불안하면, 그 김치의 맛은 끝장나는 것으로 알았다. 신명 때문이 아니라 체험에 의한 것이요, 과학적인 근거도 있는 관습이다. 비단 채소를 절이는 일뿐만 아니라 간을 맞춰야 할 모든 음식이 별나게 짜면, 요리 과정에서 적절한 분량 이상의 소금이 들어갔기 때문이다. 요리를 한 장본인의 간을 보는 미각이 정상이 아니기에 일어난 현상이다. 화가 났거나 심기가 불안 · 불편하면 염분의 혈중농도에 이상이 생기고, 그것이 미각을 교란시키는 것이다.

'절인다'는, 옷에 땀이 절고 아기들 바지가 오줌에 절며 님 멀리 두고 그리다가 마음에 사랑이 저려오듯이 '서서히 조금씩 간이 배게 하는 과정'을 일컫는다. 요즘 김치는 당일로 절여버리지만, 옛 전통 있는 가문에서는 농도를 달리한 소금물에 일정한 시간을 담갔다가 이리저리 옮겨 절이기를 3 · 5 · 7 · 9일간 계속했다. 조금씩 장기간 절일수록 오묘한 맛을 더한다고 알았다. 또 일률적으로 절이는 것이 아니라, 한 포기 배추일지라도 살이 두꺼운 뿌리 부분은 켜켜마다 진한 소금으로 절이고 연한 잎부분은 연한 소금물에 담가두는 등, 부위별로 염분을 달리

하는 정성을 부렸다. 소금 농도의 마술로 채소의 아삭아삭 씹히는 맛을
살렸고, 그로써 그 집 며느리의 솜씨가 평가됐던 것이다.

김치 맛의 오묘함은 양념들의 다양한 배합에 따른 것이다

    옛 어른들은 시집·장가 가는 아들딸을 불러놓고 부부 간의 인생 철학을 이렇게 피력하곤 했다. 10대에는 멋모르고 살고, 20대에는 아기자기해서 살고, 30대에는 헤어질 수 없어 살고, 40대에는 손맛깔(음식 솜씨) 때문에 살고, 50대에는 서로가 불쌍해서 살고, 60대에는 서로가 의지할 데 없어 산다고. 요즘 결혼식에서 나열되는 미사여구에 비해 더 실존적인 부부 철학이다. 그렇다면 위기에 빠진 부부생활을 결속시켜주는 손맛깔이라는 게 무얼까.

    똑같은 재료를 써서 똑같은 방법으로 요리를 했다고 해도 요리한 사람에 따라 그 맛이 다르다는 것은 상식이다. 왜냐하면 사람마다 손가락 사이에서 배어나오는 맛이 나름대로 다르기 때문이다. 음식의 재료나 양념에서 나오는 맛이 아닌 손가락에서 나오는 맛을 '손맛깔'이라 했고, 그런 맛을 내는 손을 '맛깔손'이라 해 옛날 부도(婦道)의 중요한 조건이었다. 오늘날 기성세대까지만 해도 각기 다른 어머니의 손맛깔을 맛보고 자랐으며, 따라서 가문마다 다른 손맛깔 때문에 미각도 서로 달랐다. 어머니나 아내의 손맛깔로 결속된 미각 때문에 어머니나 아내에게 더욱 정을 느끼고, 그 존재 가치가 한결 돋보였다. 또 그것이 향수의 씨앗이 되기도 하며, 거기에서 살맛을 느끼기도 하는 것이다.

맛은 짠맛이나 단맛처럼 혈중염도(血中鹽度)와 혈중당도(血中糖度)를 좌우하는 생리(生理)적인 맛과, 신맛 쓴맛처럼 정서를 좌우하는 정서적인 맛으로 대별된다. 사람은 어릴 때부터 체질화된 어머니의 손맛깔대로 먹어야 생리나 정서가 안정된다고 한다. 그래서 시집온 며느리가 시집의 맛깔손을 익히지 못하면, 남편이나 시집 식구의 생리나 정서를 안정시키지 못하기 때문에 불화가 생기고 곧잘 소박 맞을 조건이 되곤 했다. 특히 가문마다 간장·된장·고추장 맛이나 각종 김치, 술 같은 발효음식 맛이 제각기 달랐으며, 그런 각기 다른 맛을 자랑삼는 이유가 이에 있는 것이다. 도시화, 핵가족화, 대량생산화로 대표되는 근대화 과정은 음식 맛마저도 동질화(同質化)·평균화(平均化)·즉석화(卽席化)시킴으로써 소중한 손맛깔을 증발시켜왔다. 요즘 슈퍼마켓의 식품 코너에 가보면 많은 식품들이 완전조리나 반조리가 돼 있다. 손맛깔이 들어갈 여지를 남겨놓지 않고 있다. 아파트 지역 젊은 부부 세대의 살림을 표본조사한 것을 보았는데, 도마와 부엌칼이 없는 세대가 무려 23%나 되었다. 아무리 세상의 흐름이 그렇다손 치더라도 최소한 김치 맛만은 손맛깔을 유지하는 것이 부부의 화목이나 어머니의 사랑, 가정의 따스한 맛을 유지시키는 데 도움이 되지 않을까.

김치 맛의 오묘함은 소의 배합에 따른 마술에서 온다 할 수 있다. 절인 배추에 마술을 부릴 인자인 소를 만들어 넣어 독 속에 차곡차곡 쟁이는 과정을 '담근다'고 한다. 마술의 효소인 배추 소의 양념을 많이 쓰이는 순서대로 나열하면, 1)고추 2)소금 3)마늘 4)파 · 생강 5)새우젓 · 굴 6)갓 · 당근 7)설탕 · 황새기젓 8)멸치젓 9)청각 · 갯새우 · 깨 10)동태 11)낙지 등이다. 물론 양념은 지방 · 시대 · 가문에 따라 달리할 수 있다.

양념의 여러 양적 배합과 질적 배합에 따라 김치 효소를 달리할 수 있으며, 따라서 다양한 김치 맛과 개성을 창출하게 된다. 영국은 중산층의 한 조건으로 그 가문 특유의 음식 맛을 내는, 다른 집에서는 맛볼 수 없는 소스 하나를 지녀야 했다. 우리 전통사회의 집안도 다른 가문과는 취의(趣意)나 맛이 전혀 다른, 개성 있는 장맛과 김치 맛을 하나씩 지녀야 양반가문으로 행세했다. 바로 소의 배합 차이에서 가문의 훈장인 개성이 우러나오는 것이다. 김치는 익을 때의 숙성 온도, 배추를 절인 소금 농도 외에 켜켜이 넣는 소의 질과 양에 따라 맛이 크게 달라진다. 소의 양념 비율을 달리해 김치를 담근 다음 산도의 변화를 측정했더니, 소금을 3% 미만으로 첨가했을 때는 숙성을 크게 촉진시키나 4% 이상으로 하면 발효를 억제했다. 또 마늘·고추·멸치는 발효를 촉진하나 파·생 강 등은 발효에 큰 영향이 없으며, 특히 고추의 발효 촉진은 두드러졌다.

담근다는 것은 액체 속에 물체를 집어넣는다는 뜻이다. 그런데 장 을 담근다, 술을 담근다, 김치를 담근다고 하듯이, 발효음식을 만드는 작업도 '담근다'고 한다. 각종 양념을 버무려서 발효 요인을 첨가한 후 용기에 넣는 것이 곧 담그는 행위다. 다만 양념의 질과 양 그리고 버무 리는 솜씨에 따라 맛깔이 달라지는 그 오묘함, 곧 '담금'의 마술은 말이 나 글로써는 설명 불가능한 것이다.

8 삭 힌 다

한국 특유의 '삭은 맛'은 음식의 발효로부터 온다

중국에는 저(菹)라는 김치가 있고, 일본에는 오싱코[新香]라는 김치가 있다. 중국 김치나 일본 김치는 무·배추를 소금에 절여놓은 것에 불과하다. 따라서 소금에 절인 채소의 맛, 그 이상도 이하도 아니다. 채소의 풀이 다 죽어 사각사각 씹히는 맛도 없다. 한데 한국 김치는 채소와 소금이라는 재료를 쓰는 점은 그들과 같지만, 고추라는 변수가 가미돼 화학반응을 일으킴으로써 독창적인 식품이 되고 있다. 오싱코에 고춧가루를 뿌린다 해서 한국 김치가 되는 법이 없고, 또 한국 김치에서 고추 기운을 없앤다 해서 중국이나 일본 김치가 될 수도 없다.

임진왜란 후 도입된 고추를 가지고 우리 선조들은 김치라는, 세계 식품 사상 획기적이고도 위대한 발명을 해냈다. 발효(醱酵)돼 우러나는 김치의 맛깔스러운 '삭은 맛'은 세상 어떤 식품에서도 찾아볼 수 없다. 서양에서는 짜고 달고 쓰고 시고 매운 오미(伍味)가 전부일 뿐, 제 6의 맛인 삭은 맛, 흔히들 '맛나다'고 하는 그 감칠맛은 잘 모른다. 혓 바닥에는 오미를 감지하는 미역(味域)이 구별돼 있다. 그런데 서양 사 람의 혀는 한국 사람의 것과 달라, 맛난 맛인 제6의 맛을 지각하는 미 역이 전혀 발달돼 있지 않다고 한다. '저'나 '오싱코', 또 서양 김치라고 하는 '피클'에는 이 맛난 맛이 결여돼 있는데, 김치에는 그 맛이 풍부 하다. 김치가 시어 문드러지는 산패(酸敗) 직전에 나는 맛이 바로 맛난 맛인데, 고추의 주성분인 캡사이신이 산패를 막고 맛난 맛을 유지해주 는 작용을 한다.

쉽게 시들어버리는 채소의 신선도를 오래 유지하고 싶은 것이 수 천 년 이래 인류의 소원이었다. 한데 고추의 캡사이신이 그 신선도를 유지해주는 작용을 하는 것이다. 그래서 겨울을 넘긴 김치도 날채소를 씹는 듯한 사각사각한 신선감을 이에 전도시킨다. 정량(定量)·정성(定 性)이라고 하는 분석화학도 몰랐으면서 어떻게 캡사이신의 작용을 알 아내 그 같은 위대한 발명을 해냈는지, 조상의 슬기에 숙연해질 따름이 다. 보통 한국인이 외국에 나가면 현지 음식만으로는 서너 끼를 못 넘 기고 한식을 찾는다. 외국에 가면 외국 음식을 먹는 것이 여행의 즐거 움이라는 것을 십분 터득하고 또 단단히 맘을 먹고 간 사람도, 한국인 특유의 식문화의 동일성 작동으로 쉽게 한국 맛으로 회귀하고 만다.

양복과 양옥집에 저항을 못 느끼고 사고도 서양의 사고에 곧잘 적응하고 동화되면서, 왜 유독 먹는 것에만은 쉽게 적응하지 못하는 것일까. 교포 3세가 사는 집에 가봐도 생활 문화는 많이 변질됐을망정 한식은 사라지지 않고 있어, 한국인의 맛에 대한 강한 특질을 읽을 수 있다. 맛깔스러운 김치나 맛이 든 젓갈에서 느끼는 가장 한국적인 맛은 '삭은 맛'이다. 한국인에게 유별나게 발달한 이 삭은 맛의 화학적 원인은 발효에 있으며, 발효는 한국 식문화의 두드러진 동일성이다. 한국인의 기조식품인 간장·된장·고추장의 맛이 발효에 의한 삭은 맛이요, 된장·고추장으로 만드는 장아찌류나 찌개류의 맛 또한 삭은 맛이다. 각종 젓갈도 삭은 맛이요, 그 젓갈로 맛을 내는 김치도 발효 맛, 즉 삭은 맛이다. 우리나라 사람이 고깃국은 질려서 몇 끼 못 먹지만 된장국이나 김치는 평생 먹어도 괜찮은 이유는, 고깃국에 기름기가 많아서가 아니라 한국인에게 체질화돼 있는 '삭은 맛'이 결여됐기 때문이다. 외국에 가서 양식을 몇 끼 못 먹고 한식으로 돌아오고마는 맹렬회귀성도, 양식이 삭은 맛의 미각을 충족시켜주지 못하기 때문이다. 곧 혓바닥 미역의 욕구불만 현상인 것이다. 한국 사람이 중국 음식을 먹을 때 예외 없이 간장을 찍어 먹는 것도 삭은 맛의 동일성 때문일 것이다. 여기서 미래의 우리 식품이 구미처럼 단일화해 나가야 하느냐, 과거에 우리가 누렸던 동일성처럼 다양화해 나가느냐 하는 문제가 제기된다.

맛의 단일화가 곧 근대화인 것으로 착각하고 있는데, 그렇지 않다. 근대화에서 현대화에 이르는 것은 단일화돼가는 맛의 다양화에 있는 것이다. 퐁피두 전 프랑스 대통령이 프랑스인의 생활 향상을 위한 '카리테 드 비이(생활의 질)' 정책을 펼 때, '특유한 맛을 내는 요리 한두 가지를 가진 가정'을 이상적인 가정으로 내세웠다. 또 미국에서는 가장 견실한 중류 가정의 조건으로, '그 가정이 자랑하는 요리를 하나 이상 갖는 것'이 통념화돼 있기까지 하다. 바로 '삭힌다'는 과정이 그 다양성과 개별성을 창조하는 마술인 것이다.

9   갉는다

응달에 놓인 독은 김치를 서늘하게
보존하는 데 가장 알맞은 그릇이다

밥을 따습게 먹는 데 우리나라처럼 가치 부여를 하는 나라는 없을
것이다. 칠거지악(七去之惡)이 아니라 팔거지악(八去之惡)도 있었는
데, 시부모에게 찬밥, 찬 국을 주면 소박맞을 조건이 되었다. 비단 시부
모에게뿐만 아니라 스스로도 '찬밥을 먹는 신세'니 '식은 보리죽 신세'
니 하면, 괄시 받는 형편없는 신세를 뜻했다. 그런데 독일의 바이에른
지방에서는 오히려 '뜨거운 감자 요리 신세'가 형편없는 처지를 뜻한다
고 한다. 서양을 비롯한 냉식문화권(冷食文化圈)에서 열(熱)이란 음식
을 익히는 수단으로 끝난다. 우리나라 같은 난식문화권(暖食文化圈)에
서는 익히는 것 외에 따끈함을 유지시킨다는 부가가치를 지닌다. 따라
서 난식문화권의 종주국인 우리나라의 음식 문화는 열 유지 측면에서
비범하게 발달돼 있다. 비범한 보열·보온문화의 걸작품이 바로 오지

그릇이다. 열전도율이 지극히 낮은 흙이 소재이기에, 쉽사리 끓지도 않고 쉽사리 식지도 않는다. 그다지 무겁지 않으면서 보온 · 보열 효과를 최대한으로 보장하는 식기다.

사람이 "뚝배기 밑 된장 맛 같아야 한다"는 옛말은 지금도 진리다. 양은냄비처럼 불기가 닿으면 채신머리없이 끓어대고, 불기만 멎으면 언제 끓었느냐는 듯이 멎고 식어버리는 사람이어서는 안 된다는 것이다. 그런 얄팍하고 표변하는 인간상을 서양 냄비에 빗대고 있으니, 성질이 반대인 오지그릇은 한국 음식의 동일성뿐만 아니라 한국적 인간의 동일성 또한 내포한다. 우리 선조들은 불꽃이 세면 무화(武火), 약하면 문화(文火), 불꽃이 요염하면 시앗[妾]불, 강약이 고르지 못하면 시어미불, 잿불처럼 불꽃은 없고 미지근하면 할아비불이라 했다. 오지그릇은 이 다양한 불의 열기를 축열(蓄熱)해두었다가 각 요리가 필요로 하는 열량을 적량으로 공급하는, 사람으로 치자면 도통한 대인이다. 또 오지그릇은 색감(色感)이나 질감(質感)에서 외화(外華)를 억제하고 있다는 점이 한국인의 정서적 품과 꼭 들어맞는다. 겸허 · 근신 · 인내와 같은 은근한 덕(德)과 그 덕에서 우러나오는 미가 오지그릇에는 잘 어려 있다.

한말 조선에 왔다가 도자기에 반한 프랑스 사람 에밀 마텔은, 눈길을 확 끌지만 두 번 다시 보고 싶지 않은 것이 페르시아 도기(陶器)라면 눈길을 끌려고 노력하지 않는데도 다시 보고 싶어지는 것이 조선의 질그릇이라며, 질그릇을 예찬했다. 이처럼 질그릇은 음식 담는 용기일

뿐만 아니라 한국적 정신과 미가 담긴 그릇이기도 하다. 알맞게 삭혀진 김치에서 좀 더 삭히는 과정이 진행되면, 시어지는 단계에 이른다. 이 산패를 장시간 막아주거나 연장시켜주는, 조상들의 독창력이 잘 드러난 것이 대형 질그릇인 독이다. 곧 전형적인 한국적 용기요 한국에서만 만들어 쓰는 대형 오지그릇인 것이다.

김치의 산패는 미생물의 작용 때문에 일어난다. 미생물의 활동을 인공적으로 억제하는 방법이란 첫째, 가열을 하면 미생물이 죽기에 음식을 끓이면 된다. 그러나 김치의 생명은 익었으면서도 날채소를 먹는 듯한, 싱싱한 씹는 맛에 있다. 영국에서는 김치의 훌륭한 자질로서 날채소처럼 씹히는 질감을 가장 높이 평가한다. 만약 미생물 번식을 막기 위해 김치를 가열하면 김치의 생명을 잃게 된다. 둘째, 미생물이 번식하지 못하게 하는 약재를 쓰면 된다. 그러나 김치에 기생하는 미생물은 한 가지가 아니라 수십 종이기에 항미생물제를 쓰려면 수십 종의 약재를 써야 한다. 그럼 김치가 아니라 약치가 되니 이도 안 된다. 셋째, 냉장이 산패를 억제하니 냉장 보관하면 된다. 그러나 대형의 김치공장이 아니라 개개인의 집에서 그 많은 김치를 냉장하는 것은 불가능한 일이다. 넷째, 방사선 처리로 산패를 막을 수 있으나, 이 역시 경제적으로 불가능하다. 더욱이 방사선 처리나 냉장으로 김치를 시지 못하게 하는 것은 전통사회에서는 꿈같은 이야기였을 것이다. 옹기는 덥고 차가운 외기의 전도를 가장 완벽하게 차단하는 자질을 지니고 있어, 일정 온도를 유지하는 데 가장 적당한 용기인 것이다. 김치는 영하로 보존하는 것이 이상적이나, 4℃를 항온으로 유지해도 석 달까지는 산패를 면할 수 있다. 이 김치 보존 상한 온도를 가장 가깝게 유지해주는 것이 응달에 놓인 독이다. 한국의 장독대가 응달에 설치된 이유가 이에 있다. 곧 김치를 갊는 전통의 위대한 창조물이 독인 것이다.

10 묻는다

흙의 단열 효과를 이용해, 오래 보관하는 김칫독은 땅에 묻었다

한반도의 기후는 여름 내내 남태평양의 따가운 열기단이 지배하고 겨우 내내 시베리아의 냉기단이 지배하는 동계·하계 반반형이다. 늘 겨울 날씨만 같으면 유럽처럼 벽돌집 짓고 살면 되지만, 우리나라는 사계가 있어 불편하다. 특히 여름에는 낮에 집열했던 열을 밤새워 뿜어대고 궂은 날 적셔둔 습기를 두고두고 뿜어대는 동계형 건재만으로는 불쾌해서 살아낼 수 없다. 겨울과 여름을 똑같이 쾌적하게 살아내기 위해서는, 여름에는 더위를 겨울에는 추위를 차단하는 열전도율이 가장 낮은 건재를 선택할 수밖에 없다. 그 일거양득의 건재가 바로 흙이다.

따가운 여름볕이 내내 토벽 위로 내리쬐도 그 속벽은 시원하고, 차가운 북풍한설에 벽이 노출돼 있어도 속벽에는 온기가 서려 있음은, 바로 흙이 지닌 그러한 성질 때문이다. 토벽은 외부 기온에 영향을 받지 않는다는 장점 외에도, 실내 습도의 자동 조절 기능을 가진다. 실내 습도가 쾌적도를 넘어서면 흙이 여분의 습기를 흡수했다가, 쾌적도를 밑돌기 시작하면 다시 뿜어낸다. 뿐만이 아니다. 흙은 자동 환풍 기능을 지닌 에어컨디셔너이기도 하다. 흙칠을 하면 전혀 바람이 안 통할 것 같지만, 실제 외부와 내부 공기가 필요한 만큼 미립자 틈으로 유통돼 쾌적 상태를 유지한다. 흙의 물리적 성능을 예찬하고자 함이 아니다. 우리 조상들이야말로 흙의 이러한 장점을 의식주 생활에 가장 많이, 또 가장 적절하게 활용해온 분들이기에 그 슬기를 되뇌어보고자 하는 것이다.

조상으로부터의 선체험이 없었던 농부들은, 예전에 해왔던 것처럼 마늘엮음이나 시래기엮음을 뒤란의 응달진 벽에 매달아 말렸다. 한데 곱게 말라 겨울바람에 바스락 소리를 내며 흩날려야 할 시래기에 습기가 차고 거무스레 썩어가는 부분이 생겼을 뿐이다. 그렇게 말린 마늘은 벽에 닿은 부위부터 썩어들어갔다. 바로 김장거리의 건조물들과 벽재와의 오묘한 물리적 관계 때문이다. 옛날처럼 흙벽이라면 채소물 건조에 적합한 장소였을 것이다. 그런데 흙벽이 양회, 곧 시멘트벽으로 바뀌면서 온도 · 습도 · 통풍에 변화가 생겼고, 그것이 채소물 건조에 불협화음을 일으킨 것이다.

흙과 식생활과의 관계는 '묻는다'는 데서 더욱 밀접하게 나타난다. 음식을 장기간 동안 맛의 변질 없이 보관하는 방법으로, 흙의 단열 효과를 십분 활용한 것이 바로 '묻음'의 지혜다. 음식을 변질시키는 가장 큰 원흉은 열의 변화다. 일상에서 자주 접하면서 자원고가 무한한 물질 가운데 단열 효과가 가장 큰 것이 흙이다. 거주 공간도 흙으로 쾌적하게 할 수 있다. 음식이나 곡물 등 부패 가능성이 있는 식품을 보관하는 창고를 '도장'이라 하는데, 바로 흙으로 만든 보관 가옥이란 뜻의 '토장(土藏)'에서 전화된 말이다. 우리 전통 도장에 들어서면 대뜸 땀이 갤 만큼 시원하고 신선한 느낌이 드는 것은, 바닥·천장·벽이 모두 흙으로 돼 있어 외기의 변화를 차단시켜주기 때문이다.

조상들은 익혀 먹는 시기의 길고 짧음에 따라 각 김치들의 보관 장소를 달리했다. 좀 일찍 먹을 김칫독은 장독대 응달에, 그보다 늦게 겨울에 먹을 김칫독은 도장에, 그리고 겨울에 내어 봄에 먹을 김칫독은 땅에 묻었다. 조상들은 김치의 산패와 흙의 단열 물리를 이렇게 현명하게 활용했다. 김칫독을 땅에 묻고, 겨울을 날 무·배추도 땅에 묻은 후 짚으로 이엉을 이어 덮었던 것이다.

11 덮는다

짚은 보온 · 보습 · 통풍성이 뛰어나, 채소류의 보관재로써 적당했다

　　지붕은 건조장이기도 하다. 붉은 고추를 그곳에다 말렸고, 애호박이나 애박 썬 것, 무 썬 것 등 한국의 보존식품인 각종 말랭이들을 지붕 위에다 말렸다. 지붕 재료인 짚은, 기와나 콘크리트처럼 볕을 집열해두었다가 서서히 방열하거나, 습기를 오래 보유했다가 서서히 내뿜는 법이 없다. 또 짚 사이로 통풍을 가능케 해 식품을 말리기에 적당하다. 과열이나 과습(過濕)으로 식품을 익히거나 썩히는 일이 없다. 고추의 경우 지붕에다 말렸을 때 맛과 빛깔이 가장 좋고, 매운맛도 더하다. 그래서 고추장수들은 고추 빛깔의 선도를 보고 '지붕말리'인지 아닌지를 손쉽게 식별할 수 있으며, 값도 차이가 난다 했다. 초가지붕은 인지(人智)가 미치지 못하는 오묘한 물리적 메커니즘을 지니고 있다.

　　초가지붕은 내구성이나 경제적인 측면에서 기와지붕에 뒤질지 몰라도 방수성이나 쾌적성은 한결 앞선다. 지붕을 기와로 이지 않고 짚이나 억새로 인 것이 반드시 가난해서만은 아니었던 것이다. 짚 같은 식물성엽경(食物性葉莖)의 표면은 수분이 침투하기 어려운 각피(角皮, Kutikula)로 싸여 있으며, 이 각피는 유성(油性)이라 물이 묻으면 흡수되지 않고 흘러내리게 돼 있다고 한다. 풍압(風壓)에 비례해서 각피 표면의 수분 증발이 빨라지고, 또 겹쳐진 틈틈으로 통풍도 잘되게 돼 있다. 이렇게 초재(草材)가 방수·통풍이 잘되는 것은 주거공간의 쾌적성 유지에 큰 호재(好材)다.

부잣집의 상징처럼 돼 있는 기와지붕은 내구성이나 외모는 좋을지 몰라도, 쾌적성은 초가지붕만 못하다. 기와는 보수성(保水性)이 강해 수분을 포화점까지 보유하고 있다가 서서히 증발시키는 성질이 있다. 비가 내리면 스스로 물기를 포화점까지 머금고 그 이상은 안으로 침투시키지 않는다. 그래서 지붕재로 쓰이긴 하지만, 한번 머금은 물기를 지붕 안팎으로 서서히 오랫동안 내뿜음으로써 지붕 아래 공간을 오랫동안 고습도로 유지시킨다.

초가지붕이 고추나 말랭이 말리는 데 알맞은 것도 초가의 각피조직의 묘미 때문이다. 산모가 진통 끝에 아이를 낳으면, 짚을 깔고 그 위에 아이를 받는다. 한국인의 인생은 이렇게 짚과의 피부 접촉으로부터 시작된다. 땅에서 자란 짚으로 아기를 받는 이유는, 어머니인 대지의 품에 안긴다는 토지 숭배 사상과 평생 굶지 말라는 염원이 복합된 것이라 한다. 그래서 한국인은 평생 동안 짚으로 삼은 짚신을 신고 살면서 어머니인 대지와 친화력을 유지한다. 왕골이나 삼으로 신을 삼을 때 반드시 몇 가닥의 짚을 넣는 이유가 이에 있다. 의(衣)생활에서 짚이 신발이 되어 사람 곁을 평생 떠나지 않았다면, 주(住)생활에서는 그보다 더욱 밀착돼 있었다. 조상들은 짚여물을 넣어 굳힌 토벽과 짚으로 인 지붕 아래서 짚멍석을 방바닥에 깔고 살았으니, 짚으로 포위돼 살았던 짚의 수인(囚人)이었다. 오쟁이ㆍ망태ㆍ소쿠리ㆍ먹서리 같은 생활 도구도 거의 짚으로 엮었다.

식생활도 예외는 아니다. 벼를 필두로 해 땅에서 나는 거의 모든 곡물들은 짚으로 엮은 용기, 곧 짚섬이나 짚가마니에 담아 보존해야 마르지 않고 습기에도 강하며, 벌레 없이 오래 보존됐다. 짚은 보온성ㆍ보습성ㆍ통풍성이 뛰어나, 주거 공간재나 곡물 용기로써뿐만 아니라 채소의 보관재로써도 적당했다. 겨울날 뒤란이나 텃밭에 짚으로 만든 덮개인 주저리가 산재해 있음을 볼 수 있다. 겨울을 나기 위해 장기 보관하는 김칫독을 묻거나 배추ㆍ무를 봄까지 보관했는데, 그 보온ㆍ보습ㆍ방풍을 짚주저리가 해준 것이다. 부잣집이나 대가(大家)에서는 짚으로 막을 지어, 김치류나 음식을 적온으로 보관하기도 했다. 이렇게 짚에 둘러싸여 짚의 보호를 받고 짚에 열린 열매를 먹고 평생 살다가, 죽을 때 또 관 속에 짚을 깔고 짚으로 꼰 새끼에 몸이 묶여 땅에 묻히는 것이 한국인이다.

김치는
무엇으로
단련되는가

1 채 소 류

배 추

벼의 이차작물(二次作物)이 피라면, 보리의 이차작물은 무와 배추다. 따라서 보리 농사를 짓기 시작하면서부터 무·배추가 기생했고, 이를 먹기 시작한 역사 또한 유구하다.

기원전 2000년 전의 왕조인 하(夏)나라 때, 이미 무와 배추의 중간 작물인 순무로 김치를 담가 먹었다는 기록이 나온다. 제갈량(諸葛亮)은 원정갈 때마다 주둔지에 순무를 심어 군량으로 삼았다. 새순이 돋아나면 날로 먹고 잎이 자라나면 삶아 먹었으며, 겨울에는 뿌리를 캐 먹었으니 사철 식량으로 제격이었다 한다. 이것이 연유가 돼 순무를 '제갈채(諸葛菜)'라고도 부른다.

당나라가 망하고 제(齊)나라가 들어서면서 순무와 구분된 '숭(菘)'이라는 채소가 등장하는데, 이것이 바로 배추의 뿌리다. 추운 겨울에도 시들지 않고 푸르러, '소나무 풀'이란 뜻의 '숭'이란 이름을 얻었다 한다. 옛날 문헌을 취합해보면 당시의 배추는 지금 것처럼 크거나 살찌지 않고 알이 배기지도 않은, 시금치처럼 생긴 채소였다. 겨울을 살아내는 것으로 보아, 오늘날의 얼갈이배추가 바로 숭이었을 확률이 높다.

제나라의 문혜태자(文惠太子)는 채소 가운데 가장 맛있는 것으로 이른 봄의 부추와 늦가을의 숭을 들었으며, 양(梁)나라의 박물학자 도홍경(陶弘景)은 상식하는 채소 가운데 숭 이상 가는 것이 없다고 말했다.

숭은 줄기가 희다 해 '바이채(白菜)'로 불리었으며, 이 바이채가 우리나라에 도입되면서 배추란 이름으로 정착됐다. 조선조 중엽의 농서(農書)에서 숭이나 배추에 대한 기록은 찾아보기 힘들며, 후기 농서에나 등장한다. 당시에는 무를 주로 먹었던 것으로, 배추를 가꾸어 먹기 시작한 것은 그다지 역사가 깊지 않음을 알 수 있다. 그나마 배추는 가을과 겨울에만 먹는 동계 채소였다. 그래서 여름에는 콩밭이나 담배밭 고랑에 심은 열무로 담근 김치와 소금에 절인 오이김치로 채소 욕구를 충족시켰다.

고대 문헌에 보면 무와 배추는 구별되지 않는 동일 작물이었던 것 같다. 중국 고대 문헌《민서》에 숭(菘, 배추)과 무청(蕪菁, 무)은 같은 무리로, 잎이 갸름하고 대가 길며 빛이 안 나는 것이 무청이요, 대가 짧으며 잎이 살찐 것이 숭이라 했다. 명나라 때 박물사전인《본초강목(本草綱目)》에도 숭은 무청과 닮았다 하고, 이를 강북에 심으면 무가 되고 강남에 심으면 배추가 된다 했다.

이미 양나라 때부터 채소 가운데 상식하기에는 배추만 한 것이 없다 했고, 배추는 남북시대 이래 5대 채소 가운데 꼭 들었다. 배추 주산지인 양주(揚州)에서는 이미 명나라 때부터 15근짜리 배추를 생산하고 있었다는데, 우리나라에는 고려 때 문헌인《향약구급방(鄕藥救急方)》에 처음 배추에 관한 기록이 나온다. 문헌에 보면 지황(地黃)이 있으면 부추를 먹지 말고, 감초가 있으면 숭이, 곧 배추를 먹지 말라 했다. 민간 속방으로 배춧국은 숙취 깨는 데 좋은 것으로 돼 있고, 배추 씨앗을 볶아서 가루를 내 이른 새벽 기(氣)에 길은 정화수에 타 마셔도 숙취에 좋은 것으로 알려져왔다. 이 밖에 배추씨 기름을 머릿기름으로 선호했는데 머리를 길게 한다고 알았기 때문이요, 무반에서는 이 기름을 도검(刀劍)에 칠해두면 녹이 슬지 않는다 해 필수품으로 여기기도 했다.

현재는 김치의 세계 수요량 중 85%를 일본이 가로채고 있는 실정이다. 한 가지 희망적인 사실은 일본에서 재배된 배추로는 김치 종주국인 한국 김치의 맛을 낼 수 없다는 것이다. 강우량이 많은 일본에서 재배된 배추는 우리 배추보다 30-50% 정도 수분이 더 많으며, 상대적으로 섬유질은 적다. 따라서 일본산 배추로 김치를 담그면 국물이 많이 생겨 맛이 안 들고, 오래 저장할수록 용해 속도가 가속돼 저장식품으로서도 질이 떨어진다. 또 소금에 절이면 수분 과다로 채소의 생기가 죽어 삶아 놓은 것처럼 된다. 이처럼 김치는 한국에서라야 가장 좋은 한국 맛이 될 수 있게끔 선택 받은 식품이다.

무

최초의 무에 대한 기록은 중국의 문헌《서경(書經)》에서 볼 수 있다. '하서우공(夏書禹貢)' 편에 "만청(蔓菁)으로 저를 담가 먹는다"는 기록이 나와 있고, 한나라 환제(桓帝) 때 만청으로 흉년을 극복해 냈다는 기록도 나온다. '만청'이 바로 무의 한문 표기며, '저'는 채소의 염장(鹽藏) 가공을 뜻한다. 남도 사투리로 김치를 '지'라고도 하는데, 저에서 비롯된 말이다. 히말라야 오지 티베트 로드를 가다가 타카리 족의 찻집에서 배추를 소금에 절인 것을 '지'라 하는 것을 들었는데, '저'가 전파된 것일 확률이 높다.

중국 고대 문헌에는 무와 배추를 구별하지 않고 '무청(蕪菁)'이라는 이름으로 합쳐 불렀던 것 같다. 명대학자 이시진(李時珍)은 《본초강목》에 무를 '나복(蘿蔔)'이란 이름으로 독립시켜 부른 것은 진(秦)나라 때 일이라고 쓰고 있다. 우리나라 배추의 어원은 무청의 별칭인 '백채(白菜)'에서 비롯된 것으로 보이며, 무는 무청의 약칭인 '무(蕪)'나 '수(須)'에서 비롯됐을 것이다. 무의 고어가 '무수'인 것과, 지금도 남도에서는 무를 무수 또는 '무시'라 부르고 있는 것을 볼 때 그렇다.

《후한서(後漢書)》 '유분자전(劉盆子傳)'에서 장안에 적이 들어와 궁전을 둘러쌌을 때 1천여 궁녀들이 항복하지 않고 1년을 무를 가꿔 먹으면서 버티었다 할 만큼, 무는 당시 재배 작물로 보편화돼 있었던 것 같다. 6천여 년 전 이집트에서도 무를 먹었다는 기록은 있으나, 피라미드 건설에 동원된 노예들의 식품으로 사람이 먹을 게 못 되는 천한 음식이었다. 어떤 이유 때문인지는 알 수 없으나, 한국·중국·일본 등 동북아시아를 제외한 여타 문화권들에서는, 무를 안 먹거나 먹더라도 천시하는 식품으로 돼 있다. 유럽 쪽에는 웬만큼 큰 무가 있지도 않으려니와, 무란 가난한 식탁의 상징으로 별 볼일 없는 식품이었다. 몹시 가난했던 영국 시인 로버트 브라우닝이 "4월이면 식탁에 오르는 지긋지긋한 무 요리여!" 하고 읊은 것이라든지, 형편없는 술안주를 '무와 소금'이라고 하는 것 등으로 미루어보아, 유럽에서는 무를 별로 먹지도 않았거니와 그 인식도 하찮았던 것 같다.

무가 우리나라에 도입된 것은 한사군 시절로 추정된다. 무는 보리나 밀을 먹음으로써 생기는 맥독(麥毒)을 풀어주는 해독제로도 쓰여왔다. 옛날 천축의 상류 계급인 바라문 한 사람이 동쪽에 왔을 때, 사람들이 보리국수 먹는 것을 보고 깜짝 놀랐다고 한다. 면에는 대열(大熱)이 있는데 어떻게 그것을 먹을 수 있느냐는 것인데, 그 국수 속에 무쪽이 들어 있는 것을 보고는 그제서야 고개를 끄덕였다는 것이다. 또 무에 항암 성분이 있다는 연구 결과도 나오고 있다. 이 항암 성분은 MTIB라 하는데, 많은 채소 가운데 이 성분을 포함한 것은 무밖에 없다. 날로 무를 먹을 때 매캐한 맛이 나는 것과, 먹고 나면 속이 쓰리며 고약한 트림을 하게 하는 원흉이 MTIB다. 또《본초강목》에 무즙은 안팎의 종독(腫毒)과 창독(瘡毒)에 좋다고 했다. 내장에 발생하는 종독과 창독이 바로 암이다. 옛 사람들이 써놓은 것을 범연히 넘겨버릴 일이 아니라는 것을 또 한번 절감한다.

무김치 · 무물김치 · 깍두기 · 총각김치 · 무생채 · 무나물 · 무순무 침 · 무 조림 · 무말랭이 · 무장아찌 · 무짠지 · 뭇국 · 무밥…….

이제 우리나라는 무 없이 밥을 먹을 수 없을 만큼 세상에서 무를 가장 많이, 또 다양하게 요리해 먹는 무의 왕국이 돼 있다.

파

주자(朱子)가 어느 날 딸 집에 들렀더니 사위는 마침 나들이를 가고 없었다. 이에 딸은 되돌아가려는 친정아버지를 만류하면서 '총탕맥반(葱湯麥飯)'을 차려 냈다. '맥반'은 보리밥이고 '총탕'은 팟국이다. 가난한 사람이 연명을 위해 어쩔 수 없이 먹는 빈곤한 음식의 상징이 '총탕과 맥반'이다. 그로써 딸이 어렵게 사는 것을 눈치 챈 주자는 말했다. "그렇게 어려워할 것 없다. 이 두 음식 모두가 자양이니 고맙게 먹겠다. 파는 단전(丹田)을 보하고, 보리는 굶주림을 가시게 하느니라".

자식을 아끼는 부모의 배려를 비유할 때 자주 인용되는 문구이긴 하나, 주자의 말이 근거 없는 것은 아니다. 약선(藥膳)에서 말하는 달고〔甘〕 맵고〔辛〕 시고〔酸〕 쓰고〔苦〕 짠〔鹹〕 오미(伍味)와, 열(熱)·온(溫)·한(寒)·량(凉)·평(平)의 오성(伍性)에 비춰볼 때, 파는 '매움'과 '온'에 해당된다. 곧 몸을 따습게 하고 혈행을 원활하게 하며 창자에도 좋다. 더욱이 일체의 어독(魚毒)을 해독시키기까지 한다.

후한시대의 장수 요흥(姚興)은 군량으로써 파를 필수로 삼았는데, 군사들에게 파를 먹이면 사기가 오르고 파를 먹이지 않으면 사기가 죽어 전세가 불리했던 체험에 바탕을 둔 것이었다. 파는 군량으로써뿐만 아니라 구급약으로도 필수였다. 졸사(卒死)한 사람이 생겼을 때, 파의 노란 심지를 남자는 왼쪽 콧구멍에 여자는 오른쪽 콧구멍에 꽂아두면 코피를 흘리면서 되살아난다 했다.

파가 얼마나 독한가는 야금술(冶金術)에 파가 긴요하게 쓰인다는 사실로 짐작할 수 있다. 동짓날 파를 즙 내어 단지에 담아 땅에 묻어두었다가 이듬해 하짓날 꺼내보면 파가 물로 변해 있다. 이 물에 금이나 옥, 은, 청석을 담그면 녹아버린다 한다. 파즙물에 금을 녹여 오래 고면 엿처럼 되는데, 이는 '금장(金漿)'이라 하여 단식하는 선골(仙骨)들이 먹던 선식(仙食)이다.

고대 중국 문헌인《예기(禮記)》에 고기회를 먹을 때, 봄에는 파와 더불어 먹고 가을에는 갓과 더불어 먹는다 했다. 파가 생선에 기생하는 독을 해독시킨다는 사실을 체험으로 터득하고 있었음이다. 근래에도 생선찌개나 생선회에 파가 필수인 것은, 파에 냄새나 비린 맛을 중화하는 효용 이외에 해독 효용이 있기 때문이다. 또 '약에 감초'라면 '국에는 파'다. 특히 고깃국에 파는 필수인데, 맛을 돋우는 것 외에 고기를 연하게 하기 때문이다.

우리나라에 파가 들어온 연대는 정확하지 않으나 고려시대 문헌인《향약구급방》에 파가 약재로 나오며, 고려 문장 이규보의 문집에는 다음과 같은 시로 읊고 있다. "가냘픈 손인 양 무성한 파줄기 옹기종기 많은데/아이들 그 잎 뜯어 피리 삼아 불어댄다/술자리에 좋은 안주가 될 뿐 아니라/고깃국에 파를 넣으면 맛이 배가하니 그 아니 좋은가."

우리나라에 들어온 파는 김치라는 고유 문화에 동화돼 바로 '파김치'라는 위대한 창조를 했다.

우리나라 최초의 오이에 대한 기록은 신라 말 고려 초 명인(名人)들의 탄생설화에서 보인다. 신라 말 고려 초의 사상을 주름잡았던 도선이 탄생하는 과정에 오이가 등장한다. 도선의 어머니가 처녀일 때 냇가에 나가 노는데, 잘생긴 오이 하나가 두둥실 떠내려오길래 건져 먹었다. 그러자 순간 태기(胎氣)가 생겨 아이를 낳았는데, 그가 바로 도선이었다는 것이다.《고려사열전(高麗史列傳)》의 '최응전(崔凝傳)'에도 오이 이야기가 나온다. 고려의 건국공신인 최응을 뱄을 때, 그의 어머니가 오이덩굴에 갑자기 오이가 맺히는 태몽을 꾸었다고 했다.

비슷하게 생긴 것끼리는 비슷한 효력을 발생한다는 원시적 사고방식을 '유감주술(類感呪術)'이라 한다. 오이와 남자 성기는 생김새가 비슷하기에 서로 유감해 생식을 상징하게 됐고, 오이 꿈은 아이를 밴 징조로 해석이 돼왔다. 유럽 남부에서 여자에게 오이를 주는 것을 대단히 모욕적으로 생각하는 것이나, 처녀에게 피클, 곧 오이김치를 담그게 하지 않는 금기도 유감주술 차원에서 이해할 수 있다.

명나라 문헌《본초강목》이나 식물의 동서교류를 연구한 학자인 앵글러나 드캔돌에 의하면, 히말라야의 인도 쪽 원산인 오이가 중국에 도입된 것은 기원전 110년 전후 동서교류의 길을 튼 한나라 장건(張騫)에 의해서였음을 추정할 수 있다. 오랑캐 땅인 서역에서 들여왔다 해서 '호과(胡瓜)'라 했는데, 4세기 초 후조(後趙)의 고조(高祖) 이름에 '胡'자가 있음을 피휘(避諱)해 '황과(黃瓜)'로 바꾸었다 한다.

명인 탄생설화와 중국 문헌에서 쥐참외〔王瓜, 土瓜〕를 '신라갈(新羅葛)'이라 한 것으로 미루어, 우리나라에서는 통일신라시대에 이미 오이를 왕성하게 먹었음을 짐작할 수 있다. 그런데 광주 신창동에서 발굴된 기원전 1세기경의 생활 유물 가운데 오이씨가 적잖이 있다는 사실은, 오이가 전래된 시기를 삼국시대 이전으로 앞당기거나 오이가 대륙을 통하지 않고 해로를 통해 표착했을 가능성도 고려하게 한다.

프리니우스의 《박물지》에는 고대 인도에서 실크로드를 타고 유럽에 건너간 오이가 이미 로마시대부터 민간 약재로 다양하게 활용됐음이 나와 있다. 오이즙을 포도주에 타 마시면 이뇨도 하고 기침도 멎으며, 부인의 젖에 타 먹으면 뇌염에 좋다 했다. 또 초에 타 먹으면 이질에 좋으며 꿀에 타 마시면 간장병에 좋다 했다. 오이에 대한 유럽 사람의 이미지는 '차다'는 것과 오이밭 원두막에서 연상된 '고독' 그리고 '음험(陰險)함'이다.

오이는 걸구지 않아도 되며, 물 없이도 잘 자란다. 또 마디마다 높낮이 없이 잘도 열린다 해 가난하지만 꿋꿋하게 살아가는 민초의 상징으로 곧잘 읊어졌다. 오이는 유럽에서는 피클이나 샐러드 재료에 쓰이고 일본과 중국에서는 장아찌를 담그는 것이 고작이다. 이에 비해, 한국은 오이소박이 · 오이선 · 오이생채 · 오이나물 · 오이냉국 · 오이무름국 · 오이찬국 · 오이감장과 · 오이통장과 등의 음식에서 보듯, 오이 요리의 왕국이다.

미 나 리

나무의 1품이 소나무라면 먹는 풀, 곧 식채(食菜)의 1품은 단연 미나리다. 소나무의 정신적 품격을 높이 샀듯, 미나리의 품격을 높이 샀기 때문이다. 선조들은 미나리에서 삼덕(三德)을 갈파했다. 첫 번째 덕은, 속세를 상징하는 진흙탕에서 때묻지 않고 파랗고 싱싱하게 자라나는 심지(心志)다. 미나리는 집 앞의 하수를 여과시키는 더러운 수렁밭에서 자란다. 그리고 오염물질들을 흡수, 파랗게 정화시킨다. 갖은 가난과 악조건을 이겨내고 생활해온 우리 백성의 마음에 와 닿았음직하다.

　　미나리의 두 번째 덕은, 볕이 들지 않는 응달에서도 잘 자라는 것이다. 인생에는 양지가 있고 음지가 있다. 사람은 누구나 행복한 양지를 지향한다. 그러나 많은 우리 조상들은 가난과 가부장과 관권과 혹심한 삼강오륜의 굴레 속에서 살아왔다. 그런 이들의 마음에 음지에서 악조건을 참으며 잘도 자라나는 미나리는 많은 공감을 불러일으켰을 것이다. 더욱이 영화와 안락을 등지고 메마른 강상(綱常)만을 의지하고 살아야 했던 선비들에게, 미나리가 주는 교훈은 무척 컸을 것이다.

　　미나리의 세 번째 덕은, 가뭄에도 푸름을 잃지 않고 이겨나는 강인함이다. 날이 가물어 산야의 초목과 논밭의 곡식이 누렇게 시들어도, 미나리만은 신선한 푸름을 잃는 법이 없다. 산야도 타고 인심도 타고 삶의 의지도 바싹바싹 타오르는데 그 속에서 독야청청 푸른 미나리야말로, 조상들에게 생명력에 대한 희망과 신뢰를 주고도 남았음직하다. 이처럼 미나리는 식용으로써만이 아니라 뜻을 기르는 '양지(養志)'

의 덤이 부가된 식품이었기에, 선비들 밥상에 어떤 형식으로든 요리되어 올랐고 그로써 선비임을 과시하는 풍조마저 있었다.

미나리를 먹기 시작한 것은 꽤 오래전이다. 우리 문헌에 미나리가 처음 등장한 것은 《고려사열전》이며, 조선조에 들어와서는 시조 속에서 자주 읊어졌다. 《청구영언》에 나오는 미나리 노래는 퍽 감각적이다.

"겨울날 따스한 볕을 님 계신 데 비추고자/봄 미나리 살찐 맛을 님에게 드리고자/님이야 뭣이 없으리만은 내 못 잊어 하노라. 임금과 백성 사이 하늘과 땅이로다/나의 설흔 일을 알려고 하시거든/우린들 살찐 미나리 맛을 혼자 어찌 먹으리".

미나리 요리 중 보편적인 것은, 살짝 데쳐서 돌돌 말아 초고추장을 찍어 먹는 미나리강회다. 씹는 촉감과 미나리가 지닌 향취를 최대한 살린 음식이다. 전통적인 봄 밥상차림 중에서 '봄삼첩'은, 흰밥에 무장국, 나박김치, 간장 그리고 청포무침과 조기조림, 미나리강회다. 얼마나 담백하고 감칠맛나는 상차림인가.

갖은 생선무침이나 생선찌개에도 향긋한 향취로 비린 맛을 중화시키는 미나리가 필수다. 또 술 마시기 전에 미나리즙을 마시면, 깨끗하게 취하며 숙취도 예방한다. 눈으로 보는 맛이나 씹어서 나는 소리 맛에서나, 미나리는 계절식품으로 그만이다.

가 지

가지의 원산지는 동남아와 인도로 추정된다. 《남방초목상(南方草木狀)》이라는 중국 문헌에 보면 이 지역의 가지는 커다란 나무여서 사다리를 타고 오르내릴 정도며, 열매가 수박만 하게 열린다 했다. 가지를 증식시키는 방법도 씌어 있는데, 가지잎을 따서 땅에 깔아놓고 그 위에다 재를 덮어놓으면 뿌리가 돋아나 재생한다 했고, 이를 '가지 시집보낸다'해 가가(嫁茄)라 했다. 잎에서도 뿌리가 자생하는 왕성한 번식력을 가졌음을 미루어 알 수 있다.

가지를 처음 본 수양제(隋煬帝)는 '곤륜과(崑崙瓜)'라 명명했다던데, 아마도 가지가 곤륜산, 곧 히말라야를 넘어 중국에 도래했기에 붙인 이름일 것이다. 우리나라에는 '신라가(新羅茄)'라 해서, 토종가지인지 혹은 중국으로부터 유입된 개량종인지는 몰라도 중국에까지 소문난 가지가 있었다. 《유양접저》란 중국 문헌에 그 내용이 나오는데, 전문을 옮기면 이렇다. "신라국에서 나는 일종의 가지는 모양이 달걀같이 둥글고 엷은 자색이며, 옅은 광채가 나고 꼭지가 길며 맛이 달다. 지금은 중국에서도 신라가지를 많이 가꾸고 있다". 신라가지가 자생종이 아니라 수입종이라면, 우리 조상들이 외래문물을 주체적으로 수용해 개성 있는 문물로 만들어 수출한 것이 된다. 그 문화 수용의 철학이 싱그럽기만 하다.

고려시대에 가지는 보편화돼 있었다. 《동국이상국집(東國李相國集)》의 '가포육영(家圃六詠)' 중 하나로 읊어지는 것으로 미루어 알 수 있다. "자색 바탕에 붉은빛 지었으니/어찌 널 보고 늙었다 하리오/꽃을 즐기고 열매는 먹을 수 있으니/가지보다 나은 것 또 무엇이 있으리/발 안이 푸르고 알알이 붉은데/날로 먹고 삶아 먹고 여러모로 좋을시고."

속전에 "가을가지 며느리가 먹어서 해롭다"는 말이 있다. 속까지 잘 익은 가을가지는 떫은맛이 없어서 날로 먹기 좋다. 밭 나들이를 자주 하는 며느리가 가을가지를 따 먹을 기회가 많으니 아예 못 따 먹게 하는 방편으로 지어낸 말일 확률이 높다. 한데 문헌에 보면 가지의 본성이 한성(寒性)인 데다 아랫배를 훑는다 했다. 그러므로 아이를 많이 낳아야 할 며느리가 가지를 많이 먹으면 애깃보를 다치니, 못 따 먹게 한 것일 수도 있다.

가지로는 가지나물 · 가지찜 · 가지선 · 가지장아찌를 비롯해서 가지김치를 담가 먹었다. 가지를 조리할 때 쇠칼을 써서는 안 됐다. 칼이 가지의 속살과 반응해 거무스레한 흠집이 묻어나기 때문이다. 그래서 대나무 칼이나 짐승 뼈로 만든 골도(骨刀)를 쓰는 것이 법도였다.

가지는 식용 이외에도 쓸모가 많았다. 한 꽃에 두세 개 달리는 돌연변이 가지가 나면 벼 한 섬과 바꿀 만큼 소중하게 여겼다. 이 가지를 문기둥에 매어놓고 드나들 때마다 보면, 눈이 밝아지고 눈병을 예방하며 또 고친다고 믿었기 때문이다. 말린 가지나 가지꼭지, 가지뿌리를 태워 그 재를 고약으로 만들어 바르면 각종 종기에 좋다 했으며, 숙취에도 특효인 것으로 알았다. 술 속에 가지 태운 재를 넣으면 술기가 가

시고, 술이 물이 되기 때문이다. 다만 학질에는 가지를 피해야 한다. 학질이 나은 후에도 환자가 가지밭을 지나가면 병이 재발한다 할 만큼, 가지와 학질은 상극이다. 가지는 다 익어도 꼭지에서 떨어지지 않기에 학질도 떨어지지 않을 것이라는 유감주술에서 비롯된 것이라는 해석도 있다.

부 추

부추를 한문으로 '구(韭)'라 하는데, 부추가 자라는 형상을 나타낸 것이다. 뜯어 먹으면 자생하길 한 해에 서너 번 하고, 겨울에도 얼지 않게 덮어만 주면 잘 산다 해 '초종유(草鍾乳)', 곧 '풀에서 나는 젖'이란 별칭까지 얻고 있다. 일명 '기양초(起陽草)', 곧 '남자의 양기를 돋우어 주는 풀'이라고도 하는데, 겨울에도 죽지 않는 왕성한 생명력에서 왕성한 양기를 유감(類感)한 것일 게다. 뿐만 아니라 부추는 뿌리를 찢어 심어도 잘 자라고, 씨앗을 뿌려도 잘 자란다고 한다.

중국에서는 한나라 때부터 부추·파·배추무리는 겨울에 온실재배를 했다. 상병화(尙秉和)의 《역대사회풍속사물고(歷代社會風俗事物考)》에 보면, 바닥엔 구들을 놓아 불길이 통하게 하고 그 위에 흙을 깔고 시비를 한다고 나와 있다. 그리고 북쪽 벽을 높게 하고 남쪽 벽을 낮게 해, 볕을 들이고 종이문을 해서 달았다. 특히 부추는 말똥을 좋아해 한겨울에 말똥 시비로 온실재배를 하면 1척까지 자란다 했다. 한겨울에 돋아나는 노란 부추싹은 '황구(黃韭)'라 해서, 귀족들 밥상에 올랐던 귀물(貴物)이다.

흔히 부추를 찬양해서 오색(伍色)·오덕(伍德)을 갖추었다고 하니, 이를 먹으면 심신에 고루 좋다고 믿었다. 줄기가 희어 구백(韭白)이요 싹이 노오래 구황(韭黃)이며, 잎이 파아래 구청(韭青)이고 뿌리가 붉어 구홍(韭紅), 씨앗이 검어 구흑(韭黑), 그래서 바로 오색이다. 우리 조상들은 오색 갖춘 음식을 무척 좋아했는데, 오신채(伍辛菜)·구절판·신선로 요리들이 모두 오구색 계통의 음식이다. 부추에 오덕이 있어 '채중왕(菜中王)'이라고도 한다. 날로 먹어서 좋으니 그것이 일덕(一德)이요, 데쳐 먹어서 좋으니 이덕(二德)이며, 절여 먹어도 좋으니 삼덕(三德)이고, 오래 두고 먹어도 좋으니 사덕(四德)이며, 매움이 일관해 변하지 않음이 나머지 오덕(伍德)이라 했다.

영국 웨일스에서는 한때 부추로 국장(國章)을 삼기까지 했다. 640년 웨일즈의 브리튼 족과 색슨 족이 맞싸울 때, 웨일스 족의 수호신인 데이비드가 적과 아군을 구분하는 표지(標識)로 부춧잎을 가슴에 달도록 계시했다는 데서 부추 국장이 비롯됐다 한다. 성 데이비드는 중국으로 치면 백이(伯夷) 숙제(叔齊)로, 세상을 버리고 깊은 산속에 숨어 살았다. 백이 숙제가 고사리를 숭앙하는 것처럼 그도 부춧잎을 차고 다녔는데, 그것이 국장의 시작이었다는 것이다. 또 전장에서 생긴 병사들의 외상에 부추즙이 좋다 해서, 부추를 휴대 의약품으로 지니고 다니던 것이 국장이 됐다는 설도 있다. 서양에서 부추는 식용 이외에 외상이나 손 튼 데, 동상 등에 잘 듣는다고 알았고, 로마의 네로 황제는 연설할 때 목청을 좋게 하는 약으로도 상식했다고 한다.

부추의 원산지는 중국 북서부로 알려져 있다. 송나라 때 금나라, 곧 여진족의 풍속을 적은 문헌에 보면 소금에 절인 부추김치가 나온다. 우리나라 문헌에 처음 부추가 등장하는 것은 고려 때의 《향약구급방》으로, 부추가 약재로 나온다.

요즘은 향긋한 부추김치를 비롯해, 부추나물김치 · 부추장아찌 · 부추전 · 부추죽 등 다양한 부추 음식들을 먹고 있다.

씀 바 귀

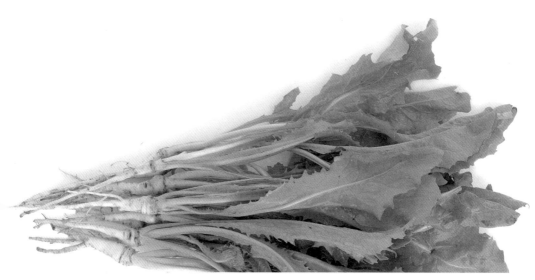

중국에서는 아이가 태어나면 어미 젖을 먹이기 전에 오향(伍香)이라는 다섯 가지 맛을 보인다. 맨 먼저 초 한 방울을 핥게 하면, 아이는 얼굴을 야릇하게 찡그린다. 이어 소금을 핥게 하고, 씀바귀대를 자를 때 스며나오는 하얀 젖 빛깔의 즙을 입에 떨어뜨린다. 씀바귀의 쓰디쓴 맛의 원천이 바로 그 뽀얀 유즙에 있으니, 아이는 오만상을 찌푸리고 울어댄다. 그다음으로 가시나무에서 가시를 따와 아이의 혀끝을 살짝 찌른다. 그렇게 다 울고 난 다음에야 달디단 사탕을 핥게 한다. 미국 선교사가 이 중국 농촌의 오향 습속을 보고 신생아 학대의 원시적 유속이라며 악습 폐지를 역설했다 한다. 이에 임어당이 "서양 문명의 인생을 보는 한계를 그로써 볼 수 있다"고 비꼰 적이 있다.

이는 성인이 되기까지 신맛, 짠맛, 쓴맛, 아픈 맛을 맛보고 그를 감내하지 않으면 인생의 단맛을 알 수 없다는 음식철학이다. 이때 인생의 쓴맛으로 씀바귀가 선택된 것은, 우리 식생활 주변에 가장 흔하게 먹을 수 있는 쓴 음식이 씀바귀이기 때문일 것이다.

김치 왕국인 우리나라는 씀바귀로 담근 김치, 즉 고들빼기김치의 수요가 날로 더해가고 있는, 세계 제일의 씀바귀 소비국이기도 하다. 야생의 고들빼기를 10여 일 정도 냉수에 담가 쓴맛을 적당히 우려낸 다음, 멸치젓국·마늘·생강·고추로 버무려 삭힌 고들빼기김치는 입맛을 돋우는 음식으로 상비해두던 찬이었다.

씀바귀는 음식 재료로만 쓰인 것이 아니다. 과거를 앞둔 서생이나 부모 머리맡에서 간병하는 효자들에게 잠은 그야말로 수마(睡魔)다. 이럴 때 잠을 쫓는 가장 친근한 처방으로 씀바귀즙을 내 먹었다. 또 겨울날 먼 길을 갈 때 밭두렁의 눈 틈에 파릿파릿한 씀바귀를 보면 뜯어다가 얼음물에 헹궈 날로 먹었다. 그렇게 하면 추위를 덜 타는 것으로 알았기 때문이다. 한적(漢籍)에서는 씀바귀를 유동(游冬)이라고도 한다. 가을에 씨앗이 떨어져 겨울에 싹을 틔운 뒤, 눈 속에서도 푸른 기운을 유지한다 해 얻은 이름이다. 씀바귀를 먹으면 추위를 덜 탄다는 속방이 생겨났음직하다.

프리니우스의 《박물지》에도 씀바귀가 나온다. 씹어서 입 냄새를 없애고 뇨 속의 결석을 녹이며, 부인들의 분만을 돕고 젖이 많이 나게 하는 민간 약재로 높이 평가하고 있다. 원나라 문종 때 중국 약전인 《음선정요(飮膳正要)》에도 씀바귀는 얼굴이나 눈의 노란 기운을 없애주며, 오장(伍臟)의 사기(邪氣)를 쫓아 안심(安心)·익기(益氣)·총찰(聰察)·경신(輕身)·내로(耐老)의 효과를 가져다준다 해 '천정채(天淨荣)'라 일컬었다.

중국 고문헌에 보면 씀바귀는 주로 야생에서 나지만 인가(人家)에서 재배하기도 한다 했다. 재배 씀바귀는 야생과 구별해 '고거(苦)'라 했다. 한데 씀바귀는 씨를 받아 재배하는데, 재배 기간이 10개월이나 걸리는 데다 열리는 씨앗도 적다. 또 발아율이 60%밖에 안 돼 대량재배에 한계를 느껴온 터였다.

우리나라에서는 최근 충북 농촌진흥청의 연구진이 씨앗 재배가 아닌 종근 재배를 개발했다. 뿌리를 얇게 잘라 심음으로써 씀바귀의 크기를 배로 늘리고 수확기는 반감시켜, 수확량을 60%나 올릴 수 있게 됐다. 중국에서는 갓난아기에게 씀바귀의 쓰디쓴 즙을 먹인다지만, 우리나라에서는 이를 대량생산해 달디달게만 자라온 유약한 청소년들에게 철학 음식으로 많이 먹였으면 하는 생각이 든다.

상추는 날로 먹을 수 있다 해 '생채(生菜)'라는 용어가 전화된 것으로 보이나, 한문 이름은 '와거(萵苣)'다. 송대(宋代)의 문헌인《청이록(淸異錄)》에 보면 와국(萵國)에서 건너온 풀〔艸〕이라 해 '와(萵)'란 이름이 붙었다 한다. 와국에서 사신들이 왔을 때 수(隋)나라 사람들이 상추 종자를 비싸게 사들였기로 '천금채(千金菜)'라 부른다고도 했다. 한데 우리 문헌인《해동역사(海東繹史)》'물산지(物産志)'에 보면, 청대(淸代)의 문헌인《천록여식(天祿余識)》을 인용, 고구려 사신이 수나라에 갔을 때 그곳 사람들이 상추 씨앗을 비싸게 사들였기로 천금채라 한다 했다. 중국 문헌상 와국이란 나라는 없고, 단지 당서(唐書)에 파와부(婆渦部)란 지방명이 나와 있을 따름이다. 이로 미루어 고국(高國), 곧 고구려가 와국으로 와전된 것으로도 고증한다.

아무튼 상추는 삼국시대 때부터 먹어온 역사 깊은 채소로, 고려 때 문헌에는 상추로 밥을 싸 먹었다는 기록이 적지 않다. 원나라 시인 양윤부(楊允孚)의 시는 상추쌈 싸 먹는 고려의 풍습이 원나라에 전래돼 크게 유행했음을 밝혀주고 있다. "고려의 맛 좋은 상추를 되읊거니와/산에 나는 새박나물이며 줄나물까지 사들여온다" 했다. 상추쌈뿐만 아니라 산나물쌈에까지 맛들여 우리의 산채까지 사들였던 것 같다.

쌈은 그 구조상 양반이 먹기에는 품위가 없어 보였던지, 예절책에 상추쌈 품위 있게 먹는 법에 대해 자주 나왔다. 이덕무의《사소절(士小節)》'사전(士典)'에서는 상추를 싸 먹을 때 직접 손을 대면 안 된다 했다. 먼저 숟가락으로 밥을 떠 밥그릇 위에 놓고, 젓가락으로 상추 두세 잎을 집어 밥을 싼 다음 입에 넣는다. 그리고 된장은 따로 떠먹는다 했다. 같은 책 '부의(婦儀)'에 보면, 특히 여자가 상추쌈을 싸 먹을 때 너무 크게 싸서 입을 크게 벌리며 먹는 것은 상스러우니 조심해야 한다고 했다. 입은 치부를 유감하기 때문일 것이다.

쌈은 특유하고 독보적인 한국의 음식 문화로, 국제사회에서 각광받을 만한 것이다. 18세기 실학자 이익(李翼)은 《성호사설》에서 채소 중에 잎이 큰 것은 모두 쌈을 싸서 먹는데, 상추쌈을 제일로 여긴다 했다. 19세기 작자 미상의 《시의진서(是議全書)》에 보면, 상추쌈뿐 아니라 곰취쌈이나 양제채(羊蹄菜)쌈 등 산채는 물론, 깻잎쌈·피마잣잎쌈·호박잎쌈·배추쌈·김치쌈 등, 잎이 큰 것이면 모두 쌈이 됐다. 특히 여덟 가지 색의 각종 어육채소(魚肉菜蔬)를 얄팍한 전병에 싸서 먹는 구절판은 쌈 문화의 미적인 극치다.

'싼다'는 내부를 외부로부터 가리는 행위다. 외향적인 외개문화(外開文化)에 대비되는 내향적인 내포문화(內包文化)가 우리 생활의 기조다. 인도에서 고부(姑婦)싸움이 일어나면, 삽시간에 동네 시어머니 대 며느리의 싸움으로 '외개(外開)'를 한다. 중국도 싸움이 일어나면 길가는 행인에게 시비를 가려달라 한다. 안의 일을 밖으로 끌어내는 외개형 싸움이다. 그러나 한국의 고부는 문을 잠그고 싸운다. 소리가 커지면 서로 죽여가며 싸우고, 남이 들어오면 칼로 끊듯 싸움을 중단한다. 고

부싸움이나 부부싸움까지도 내포형이다.

훔쳐갈 것 하나 없는 빈민까지 울타리나 담을 쳐놓고 사는 것도 내부를 외부로부터 가리기 위한 쌈 문화의 소산이요, 옷깃을 여미고 치마를 감치는 한복의 구조도 몸을 싸는 쌈 문화의 소산이다. 이렇듯 우리 민족의 내포형 문화가 음식에 투영돼, 독특한 쌈음식이 발달한 것이 아닌가 생각한다.

도 라 지

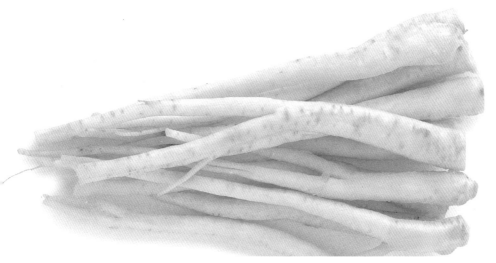

서양 사람들은 도라지꽃 모양이 종(鐘)처럼 보였던지 '벨플라워'라 했다. 영국 시인 키이츠는 도라지꽃을 수녀나 이승(尼僧)이 쓰는 머리 고깔로 보고, 속세에 미련을 못 버린 미모의 이승에 비유했다. 그리스 신화에서 도라지꽃은, 미모 때문에 불행해진 공주 프시케의 사랑의 갈망에서 돋아난 꽃이다. 프시케는 밤마다 정체를 드러내지 않는 사나이의 사랑에 도취한다. 정체를 봐서도 안 되고 물어서도 안 되는 터부가 있는 사랑이다. 참을 수 없이 보고 싶던 어느날 밤, 프시케는 터부를 깨고 촛불을 든 채 사나이의 얼굴을 보았다. 그가 쏜 화살을 맞으면 사랑에 빠지지 않을 수 없게 된다는 날개 돋은 사랑의 남신 큐피드였다. 큐피드의 옷에 떨어진 촛농이 단서가 돼 터부는 깨졌고, 큐피드는 두 번 다시 프시케의 침실을 찾지 않았다. 사랑에 멍든 프시케, 그 갈망의 눈물이 도라지꽃을 피운 것이다.

도라지에 관한 비슷한 전설이 우리나라에도 있다. 미모의 부잣집 딸이 밤마다 찾아들어 흠뻑 사랑을 쏟는 정체 모를 사나이 때문에 고민을 한다. 부모는 딸에게 그 사나이의 옷깃에 실 꿴 바늘을 몰래 꽂아두도록 시켰다. 이튿날 딸이 실을 따라가보았더니 인근 산중에 묻힌 도라지뿌리에 그 바늘이 꽂혀 있었다는 것이다. 이처럼 도라지가 억눌린 성적 본능의 구상(具象)이라는 것에는 우리나라도 예외가 아니다.

도라지타령의 후렴에 한두 뿌리만 캐어도 대바구니가 츠리찰찰 다 찬다느니, 대바구니가 스리살살 다 녹는다느니, 대바구니가 반실이 되었다느니 하는 대목이 나온다. 물리적으로는 합리화할 수 없는, 어떤 정서적 공백을 충족시켜주는 노랫말이다. 도라지나 인삼은 생김새로 인해 남성을 상징하고, 바구니나 신발은 그 수용성이 비슷하다 해 여성을 상징한다. 대바구니 속의 도라지가 상징하는 의미가 완연해지는 것이다. 이처럼 선조들은 상징을 빌어 노래 속에서 진한 사랑을 나누기도 했다.

중국의《본초강목》문헌을 뒤져보면 도라지는 여자의 속살을 예쁘게 하고 상사병을 낫게 하며, 질투 때문에 저주 받아 생긴 병에 잘 듣는다 했다. 역시 사랑과 밀접한 음식이요 약초였음을 알 수 있다.

도라지와 더덕으로는 김치를 담가 먹기도 했다. 〈한국민속종합조사보고서〉에 보면, 남도의 산간 지방에서 도라지와 더덕을 캐 김치를 담그는 내용이 나온다. 도라지와 더덕을 소금에 주무르거나 물에 우려 쓴맛을 뺀 후, 파·마늘·고춧가루·젓갈로 버무려서 익혀 먹거나, 그냥 국물 없는 깍두기처럼 담가 먹기도 했다. 이를 도라지김치, 더덕지라 했다.

수요의 확대로 도라지의 대규모 재배단지가 여기저기 생겨나 새소득 작물로 각광 받고 있다. 고고했던 심심산천에서 허허벌판으로 나와 헤퍼진 도라지다. 이제 사랑도 숨어 하거나 핑계대거나 한두 뿌리로 대바구니를 채운다는 따위의 상징 수법을 쓸 필요가 없는, 개방되고 멋없고 헤퍼진 도라지 사랑이다.

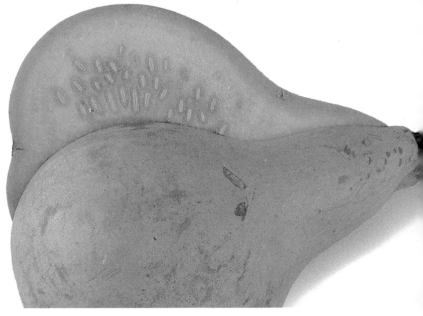

    한말의 대신 김윤식(金允植)이 충청도 면천(沔川)으로 유배당해 갔을 때, 그곳에 사는 황실박씨(篁室朴氏)라는 순박한 여인을 소첩으로 맞아들였다. 그리고 그 소첩의 외모를 시골 초가지붕에 핀 박꽃으로 비유했다. 시골 아가씨를 박꽃에 비유한 시문이 비일비재한 것은, 꾸밈 없고 순수한 한국 여인의 이미지와 박꽃이 꼭 들어맞기 때문이다.

    박꽃처럼 자라난 여자가 시집갈 나이가 되면, 양지바른 돌담에 표주박덩굴을 올려 합근박(合졸瓠)을 만든다. 시집가는 날 여기에 술을 따라 신랑 신부가 입을 댐으로써 서로 간접 입맞춤을 하게 만드는 사랑의 표주박이다. 그리고 이 합근박에 청실홍실 수실을 달아 신방의 천장에 매달아놓고 사랑을 감시토록 했다.

    박으로 시작된 한국 여인의 일생은 바가지로 엮어진다. 곡식을 푸고 식수를 푸고 장을 푸는 생활 도구가 바가지 일색이요, 가난한 집에서는 밥그릇이며 요강마저도 바가지 일색이었다. 그래서 어머니의 적삼 앞자락에는 온통 박 비린내가 스며들고, 그것은 평생 어머니를 생각나게 하는 그리운 냄새가 됐다. 선조들의 사모곡(思母曲)에도 이 박 비린내가 등장한다.

    평생 박에 묻혀 살던 여인들은, 화가 치미는 일이 있으면 바가지를 긁어 그 소리에 화를 태워 발산했다. 그러다 죽으면 소장 내어갈 때 문턱에 놓아둔 바가지를 밟아 깨고 평생 살던 집을 떠나갔다. 박은 옛 여인의 동반자였고, 박의 일생이 한국 서민의 일생이었다.

박은 권력욕·금욕·명예욕을 초월, 탈속한 사람의 비위에 맞는 담백한 맛이어서, 도사가 먹는 선식(仙食)이기도 했다. 또 그 속이 너무나 희기에 이를 유감해 미용식으로 은밀히 먹기도 했다. 시집가기 전에 박을 세 통씩 아홉 통을 먹고 가면 속살이 희어진다고 했다. 하지만 박속을 빈량(貧糧)이라고 하듯, 박은 가난한 사람 보릿고개 넘기는 전형적인 구황(救荒) 양식이었다. 흥부네 집 요리 가운데 가장 고급 요리가 박속을 나물로 무친 포심채(匏心菜)와 그를 국으로 끓인 흥부탕(興夫湯)이었다는 것만 봐도 알 수 있다. 박 요리 가운데 가장 보편적인 것은 박고지다. 박이 여릴 때 그 속을 버리고 겉살을 얇게 돌려 깎아 말린 것으로, 고기 씹는 촉감을 주는 음식이다. 또 고기 맛을 담백하게 한다 해 고기 요리에도 필수가 돼왔다. 시집살이 노래에 고달픈 시집살이를 한탄한 끝에, "대들보에 박고지 걸고 목이나 매어볼까" 하는 대목이 있는 것으로 보아, 박은 역시 가난을 연상시키는 음식이었다.

빈량무상(貧糧無常)이다. 박김치라 해서, 박으로 김치를 담가 먹기도 했다. 박속을 파내고 껍질을 벗긴 다음 나머지를 도톰하게 썰어 소금에 절인다. 절인 박에 마늘·고춧가루·실고추·파·배를 넣어 양념으로 버무리고, 심심하게 간을 맞춘 국물을 부어 익혀 먹었던 것이다.

시 래 기

시래깃국은 무나 배추의 잎 말린 것에 된장을 풀어서 끓인 것으로, 가장 서민적인 국이다. 토장국과 비슷한데 재료에 약간 차이가 있다. 토장국은 잘 삶은 누르무레한 된장을 걸러넣고, 청어·멸치 말린 것이나 기름기 있는 약간의 살코기로 맛을 돋운 다음, 무·배추·아욱·시금치 같은 채소류를 넣어 끓인다. 뼈를 우려낸 국물에 된장을 풀어 끓이기도 한다.

시래깃국이 토장국과 다른 점은 첫째, 국물에 고기류가 들어가지 않기 때문에 더욱 시원하고 맛이 담백하다는 것이다. 다만 멸치가 우리나라 연안에서 잡히기 시작한 18-19세기 이후부터 국물에 멸치나 멸칫가루를 넣기도 했다. 둘째, 시래깃국 재료는 무·배추의 잎 정도인데, 토장국처럼 날잎이 아니라 김장 때 엮어서 말려둔 마른 잎을 주로 쓴다.

셋째, 토장국은 맑은 물에다가 된장을 푸는데, 시래깃국은 쌀뜨물을 받아두었다가 그 물에 된장을 풀어 끓인다. 쌀뜨물로 끓이면 맛도 달라지고 채소의 섬유조직이 한결 부드러워진다. 넷째, 시래깃국에는 날콩을 갈아 만든 콩가루를 넣어 맛을 더욱 구수하게 낸다. 콩에는 단백질 성분이 많아 영양 측면에서도 많은 배려를 했음을 알 수 있다.

우리 식탁에 필수적인 국은 간장으로 간을 해 끓이는 맑은장국, 된장으로 간을 하는 토장국, 재료를 푹 곤 뒤 소금으로 간하는 곰국, 끓이지 않고 차게 만들어 먹는 냉국 등, 크게 네 가지로 나눌 수 있다. 시래깃국은 토장국 유형 중 가장 원시적이고 보편화된 국이라 할 수 있다.

그러나 지금은 시래기를 얻기 힘들어서 거의 사라진 전통음식이 돼버렸다.

무나 배추의 잎을 엮어 아무렇게나 말리면 시래기가 되는 것이 아니다. 시래기는 사시사철 볕이 안 드는 북쪽 벽의 처마 밑에서 말려야 하며, 반드시 흙벽이어야 상하지 않고 알맞게 마른다. 이제 주택의 근대화로 집의 처마가 좁아지는 바람에, 사시사철 응달이 되는 공간이 없어졌다. 습도를 조절하고 온도를 단절시켜주던 토벽은 온통 벽돌벽이나 시멘트벽으로 바뀌어서, 요즘은 좀체 시래기를 만들 수 없는 것이다.

마 늘

마늘의 한문 표기는 '대산(大蒜)'이다. 오랑캐 땅에 나는 풀이라서 '호(葫)'라기도 하고, 강하고 특수한 냄새 때문에 '훈채(葷菜)'라기도 한다. 중국 문헌에 보면 한(漢)나라 때 서역(西域) 지방을 탐험한 장건(張騫)이 그 지방에서 먹는 마늘을 갖고 들어온 것이 중국 마늘 재배의 시초라고 나와 있다.

우리나라에서는 건국신화인 단군신화에 마늘이 등장한다. 이로 미루어 마늘이 중국에서 전래되었다기보다 북방에서 야생한 것을 옛날부터 보약(補藥)으로 먹어온 것이 아닌가 싶다. 건국신화는 고대부터 한민족이 마늘을 재배했고 상식(常食)했다는 사실의 한 추정적 방증(傍證)일 수 있다. 신화에서처럼 마늘의 특수하고 강렬한 냄새와 신통력을 관련짓는 원시적 사고방식은 많은 민속을 탄생시켰다.

콜레라·마마·학질 등 유행병이 번질 때, 홀수의 깐 마늘쪽을 실에 꿰어 문기둥이나 창가에 걸어두면 병에 걸리지 않는다는 민속이 보편적이었다. 모든 병균을 병귀(病鬼)로 파악했던 옛 서민들은, 고약한 마늘 냄새의 매서운 맛으로 병귀의 징조를 막을 수 있을 것으로 생각했다. 과학적으로 보면 마늘의 항균력을 상징적으로 이용한 것이므로, 합리적인 민속이라고 할 수 있다. 또 밤길을 떠날 때 마늘을 먹고 가는 습속이 있었다. 마늘을 먹으면 트림이 나고, 트림을 하면 마늘 냄새가 풍긴다. 마늘 냄새가 풍기는 주변에 귀신이 접근하지 못하리라는 원시적인 사고의 합리주의가 낳은 민속이다. 호랑이 또한 마늘을 싫어한다고 믿었으므로, 마늘장아찌 등을 먹고 가면 호랑이에게 피해를 보는 일도 없을 것이라 생각했다. 단군신화에서 유독 호랑이만이 마늘을 먹고 성인(成人)하지 못한 것과도 연관이 있는 것 같다.

코피가 안 멎을 경우, 마늘을 절구에 찧어 둥그런 마늘떡을 만들어 붙이면 낫는다는 속전처방이 있다. 환자가 남자이면 왼쪽 발바닥 복판에, 여자이면 오른발 족심(足心)에 붙인다. 치질 등 심한 종기를 앓을 때도 남자는 왼쪽 관혈(關穴)에, 여자는 오른쪽 관혈에 마늘떡을 붙인다. 남좌(男左) 여우(女右)는 역(易)의 생리학(生理學)에서 비롯된 것으로, 이 사상은 한국 민속 도처에서 찾아볼 수 있다. 약용 또는 주술용으로 쓰는 마늘은 쪽이 난 마늘보다 통마늘일수록 효력이 크며, 5월 5일 단옷날에 캔 것이라야 효험이 있다 했다.

4월 초파일은 마늘을 먹어서는 안 되는 금기일로, 모든 음식에 마늘 양념을 안 하는 습속이 있다. 초파일은 부처님 태어나신 날이다. 금욕(禁慾)을 본으로 삼는 불가나 절에서 자극제인 마늘을 먹지 않는다는 것을 감안할 때, 성스러운 날을 지키겠다는 종교적 배려에서 형성된 습속일 것이다.

마늘은 세계의 자연식품 중 세 번째로 영양가가 높다. 마늘 속의 아시린 성분은 항균력이 뛰어나 질병에 대한 저항력을 높여준다. 또 비타민 B1의 흡수를 촉진시키며 단백질을 재빨리 소화시키는 작용이 있어, 마늘과 함께 육식을 섭취하면 영양 면에서 더욱 효과적이다.

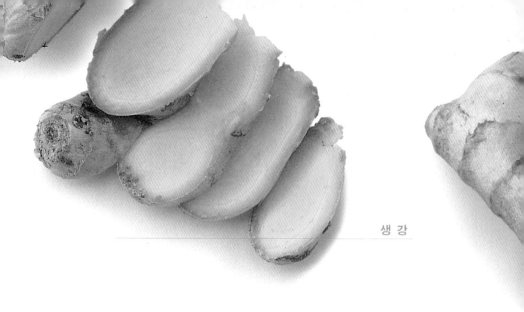

생 강

율곡(栗谷) 이이(李珥)는 제자들에게, 세상에 나가면 생강처럼 매서운 개성을 지니고 생강처럼 맛을 맞추어야 한다고 가르쳤다. 생강은 초(醋)나 장(醬), 조(糟)·염(鹽)·밀(蜜) 들과 잘 조화하며, 별다른 배척하는 맛이나 음식이 없다. 많은 채소 가운데 생강을 배척한 것은 없으며, 음식에 생강을 넣으면 보다 좋은 맛으로 달라질 뿐 제 맛을 손상하는 법이 없다. 그래서 생강은 양념뿐 아니라 음료인 각종 탕에도 안 들어가는 곳이 없으며, 약도 되고 과자도 되고 술도 되고 차도 된다. 수많은 김치 무리에 생강이 안 들어가는 김치가 없음도 그 때문이다.

이처럼 '생강 같은 사람'이란, 화이부동(和而不同)한, 즉 화합하되 같아지지 않는 사람을 의미한다. 어느 시대건 가장 이상적인 인간형이다. 생강 철학을 숭상한 소동파(蘇東坡) 같은 이는, 생강을 평생 곁에 두고 찬에 넣어 먹고 닳여 먹고 약과 탕에 넣어 먹곤 했으며, 손님이 와도 내놓는 것이 생강음료였다 한다. 《동파별기(東坡別記)》에 보면 이런 글이 있다. "옛날 내가 고을살이 할 때 정자사(淨慈寺)의 총엽(聰葉)이란 스님은 팔십 노승이면서 얼굴이 청년처럼 밝고 눈이 초롱초롱했다. 머리가 흑단처럼 검고, 진맥으로 인간 길흉을 예언했는데 맞추지 못하는 것이 없었다. 심신이 그토록 젊고 총명한 비결을 물었더니, 40년간 생강을 먹은 것 외에 아무것도 없다 했다." 또 소동파는 "항간에서는 생강을 많이 먹으면 지혜를 흐리고 도를 그르쳐 어리석음으로 인도한다고들 한다. 그런데 공자 또한 생강 먹기를 거두지 않았으니, 그렇다

174

면 생강을 즐겨 먹은 공자도 어리석어야 하고 도학을 그르쳤어야 하지 않느냐"고 반문했다.

생강은 태평양 섬들이 원산지로, 일찍 인도와 중국에 상륙했던 것 같다. 중국의 왕안석(王安石)은 생강(生薑)의 어원에 대해 "백사(百邪)를 강어(彊禦)한다 하여 강(薑)이다"라고 했다. 곧 백 가지 사악을 굳세게 막고 물리친다 해서 '강'이라는 것이다. 우리 조상들이 짐승이 득실거리는 산길을 가거나 밤길을 걸을 때 생강 한 쪽을 입에 씹으며 걸었던 것도 이 때문이다. 호랑이뿐만 아니라 각종 악귀와 부정, 사악한 마음도 생강이 쫓을 것으로 알았다. 견딜 만큼 못되게 구는 관리는 '무'라 했지만, 못 견딜 만큼 악독하게 구는 관리는 '생강'이라 속칭하기도 했다.

생강의 약효에는 다이어트 효과도 있다. 위부인비전(魏夫人秘傳)이라 해, 산후 처진 배를 원형으로 회복시키는 데 생강찜질을 했다. 처진 복부를 압박대로 감싸 죄어맬 때, 압박대에 생강 김을 쬐어 매면 살을 긴박시키는 효력을 발휘했다. 또 생강 한 되를 기름에 섞어 약한 불에서 하루 종일 닳이면 고약이 되는데, 이 고약을 흰 머리카락을 뽑아낸 구멍에 문지르면 사흘 후 그 구멍에서 검은 머리카락이 돋아난다고도 했다. 임신부가 생강을 먹으면 육손이를 낳는다 하여 못 먹게 했는데, 생강이 뿌리로 증식하기 때문에 생겨난 금기일 것이다.

고 추

고추(苦椒)와 후추(胡椒)는 똑같이 매운맛을 내는 향신료인데, 고추는 한국 같은 발효음식 문화권에서, 후추는 유럽 같은 유지(油脂)음식 문화권에서 발달했다. 육식을 주로 하는 서양 사람들이 월동 준비로 고기를 저장할 때, 지방산의 부패를 억제하고 고기의 선도를 오래 지속시키는 후추는 반드시 필요한 향신료였다. 우리나라에도 후추는 고추보다 훨씬 먼저 도입됐다. 이규경(李圭景)의 《오주연문장전산고(伍洲衍文長箋散稿)》에 보면, 제주도에서 후추나무까지 재배했는데도 그저 약재(藥材)로 쓰이는 둥 마는 둥 했다고 한다. 우리 음식이 유지와는 인연이 멀기 때문이다.

서양의 고기김장에 '후추'였다면, 한국의 채소김장에는 '고추'였다. 발효음식에 있어서 채소나 젓갈류의 산패를 막고 산패 직전의 아미노산 맛을 유지하는 데는 고추의 성분이 마력을 발휘하기 때문이다. 곧 유지 산패에는 후추, 발효 산패에는 고추다.

중미가 원산지인 고추는 콜럼버스의 미 대륙 발견 이후에 세상에 번져나갔다. 1559년 포르투갈 상선에 의해 일본에 전래된 것이 동양에서는 최초로 고증되고 있다. 일본 문헌인 《본조세사담기(本朝世事談綺)》에는 "도요토미 히데요시(豊臣秀吉)가 조선 원정에서 갖고 들어왔다" 한다. 일본에서 고추를 고려 후추, 즉 가라(芥子)라 불렀다 해서 한반도 전래설이 없지 않으나 일본 전래설이 정설이 되고 있다.

우리나라에서는 선조 때 학자 이수광의 《지봉유설》에서 고추가 왜국에서 건너왔기에 '왜개초(倭芥草)'라 부른다 했다. 선조 말년께만 해도 고추는 상식(常食) 단계가 아니라, 술집 마당에서 조금씩 가꿔 고추술을 만들어 파는 정도였다. 《오주연문장전산고》에 보면, 추운 날 먼 길 떠나는 사람이 배에 고추를 넣어 만든 복대를 차고 버선틈에 고추를 넣어 신었다 했다. 고추의 자극성으로 혈행(血行)을 좋게 해, 추위를 안 타게 하는 용도다.

고추는 전략 무기로도 쓰였다. 고추를 태운 연기를 적진에 날려 적군의 눈을 못 뜨게 하고, 매운 기침으로 혼란을 일으킨 다음 공격을 가하는 화생방 무기로 썼다. 기습작전으로 고춧가루를 얼굴에 뿌리는 전법도 있었다. 따라서 고추가 임진왜란 때 왜군의 전략무기로써 전래됐을 가능성도 있다. 내외 문헌을 비교할 때 고추가 우리나라에 도입된 것은 왜란이 일어났던 1592년에서 1600년 사이며, 중국에 건너간 것도 당시 조선에 파견된 명나라 원군에 의한 것으로 추정된다.

고추가 한국의 발효 문화에 조화돼 김치라는 위대한 음식을 창조한 것은 17세기 후반의 일이 아닌가 싶다. 이미 그 무렵에는 우리 산에서 나는 산초(山椒)를 넣어 김치를 담가 먹었다는 기록이 있다. 외래품인 고추를 이 산초 대신 넣어 먹은 것이 널리 좋은 반응을 일으킨 것 같다.

박지원(朴趾源)의 《열하일기(熱河日記)》에 보면, 병자호란(丙子胡亂) 때 중국 땅에 잡혀가서 귀화한 한국인 노파가 한국에서 먹었던 것과 같은 김치를 담가 생계를 유지했다는 기록이 있다. 바로 1712년의 일이다. 노파의 김치가 고추를 넣은 것이었는지의 여부는 확인할 길이 없다. 다만 1715년 이전에 간행된 《산림경제(山林經濟)》란 책에 김치 담그는 법 열댓 가지가 기재돼 있는데, 거의가 종전처럼 소금이나 젓갈에 담그는 법이요 겨우 두어 가지에만 고추를 쓴 것으로 돼 있다. 고추를 넣은 붉은 김치는 1700년대 전반을 기해 형성됐다는 것을 알 수 있다.

고추와 우리의 된장 문화가 이상적으로 절충해 고추장이라는 발효 문화의 극치를 이룬 것도 1700년대 후반의 일로 보인다. 19세기 초의 문헌들에는 이미 순창고추장과 천안고추장이 팔도의 명물로 기재돼 있다.

갓

갓 하면 연상되는 것이 갓과(科) 작물의 씨앗인 겨자씨다. 갓을 한 문으로 '개(芥)'라 하고, 그 씨앗은 '개자(芥子)'라 한다. 개자가 '겨자'로 전환된 것이다. 겨자는 씨앗 가운데서도 별나게 잘며, 잘기에 하찮은 극소물에 자주 비유됐다.

불교경전에서 겨자는, 우주 삼라만상의 총체로 극대물(極大物)인 수미산(須彌山)과 대치된 극소물로 나온다. 다음은 《유마경(維摩經)》에 나오는 대목이다. "불가사이한 해탈 경지에 이르면 수미산과 같이 크고 넓은 것을 겨자 속에 넣어도 늘고 줆이 없다". 원시불전에도 다음과 같은 대목이 나온다. "연잎에 구르는 이슬이나 송곳 끝의 겨자처럼 아무런 욕정에 더럽혀지지 않은 사람을 바라문이라 부른다." 불교 발생지인 인도에서 겨자가 철학적으로 많이 인용됐던 것은 예부터 갓 재배를 많이 했기 때문이다. 지금도 여염에서 기도할 때나 죄의 소멸을 기원하는 멸죄(滅罪) 의식에 불가결의 기름이 되고 있다.

마태복음 · 마가복음 · 누가복음 등의 신약성서에도 장래를 내포한 미세물로서 겨자가 상징적으로 등장한다. 그리고 셰익스피어의 〈한여름밤의 꿈〉에서 겨자는 작은 요정으로 나온다. 영어에서 '한 톨의 겨자씨' 하면 지금은 별 볼일 없지만 미래가 기약되는 사람이나 사물을 의미하고, '겨자처럼 매섭다' 하면 무슨 일에 열중한다는 뜻이다.

갓의 씨뿐 아니라 잎과 대를 먹기 시작한 것도 무나 배추보다 오래됐다. 《본초강목》에는 갓이 맵고 매서운 맛을 지니며 굳세고 의연한 모습이라 하여, 그 뜻을 담은 풀, 개(芥)라 이른다고 풀이했다. 갓에는 청개(靑芥)·자개(紫芥)·백개(白芥)·남개(南芥)·선개(旋芥)·화개(花芥)·석개(石芥) 등 종류가 많으며, 남방에는 키가 50척이나 되는 갓나무와 열매가 달걀 크기만 한 것도 있다 했다. 중국 옛글에 "매실이란 말만 들어도 침이 나고, 갓이란 말만 들어도 눈물이 난다"했듯이 옛날 갓은 지금의 것보다 한결 매웠던 것 같다. 제 1차세계대전 중 나치스 독일이 벨지움에 투하한 폭탄 가운데 발포성 자극을 인체에 가하는 겨자가스 폭탄이 있었다. 바로 갓에서 추출한 매운 성분이 주원료였다.

갓을 먹어온 역사는 꽤 길다. 고대 그리스와 로마에서도 밀밭에 자생하는 갓을 약초로 썼는데, 사랑의 묘약 곧 최음제(催淫劑)와 피임제(避妊劑)로써 바람둥이의 필수품이었다. 비둘기에게 먹히지 않는 한 몇 년 동안 생명력을 유지하는 보리밭의 야생갓은, 여린 잎을 따다 샐러드로 무쳐 먹는 식용으로도 쓰였다. 또 갓잎을 먹으면 기억력이 좋아지고 기력을 자극해 피로 해소에 좋다 하여, 재배작물로서 유럽에 번져나갔다.

육식에는 갓 샐러드가 필수였다. 영어 속담에 '갓 없는 고기 요리'하면 달 없는 사막, 불 꺼진 항구를 빗댄 것이고, '고기 먹고 난 후의 갓'하면 적시를 놓쳤음을 빗댄 것이다. 우리 옛 식속에 봄날 회먹을 때는 파가 좋고 가을 회 먹을 때는 갓이 어울린다 했듯이, 서양에서도 갓은 어육 먹는 데 향신료로 필수였다. 1720년 조지 1세가 먹어보고 격찬했다는 영국의 더람 머스터드, 프렌치 머스터드 등의 조리용 겨자는 이미 상품화된 향신료로 유명하다.

우리나라에서는 갓으로 김치를 담그기도 하고, 동치미 등에 매콤한 맛과 붉은빛을 내기 위한 첨가물로도 많이 쓴다. 겨자로는 즙을 만들어 생채와 육류, 전복 등을 무쳐 겨자채를 만들어 먹기도 한다.

달 래

소산(小蒜), 즉 달래는 중국 도처에서 자생하던 야초(野草) 가운데 하나였다. 손염(孫炎)이 지은 《이아정의(爾雅正義)》에 보면, 천자가 달래가 많아서 산산(蒜山)이라 불리는 산에 올라 마를 캐어 먹고 식중독에 걸렸는데, 이때 야생의 달래를 캐어 먹고 씻은 듯이 나았다고 했다. 사람에게 유익한 풀이라 해서, 이를 황궁의 밭에 옮겨 심게 하고 가꾼 것이 작물로서의 시작이었다.

마늘의 약효가 건국신화에 나오듯이 달래의 약효도 태곳적부터 알려져 있었다. 후한의 소문난 의원 화타(華陀)는 이미 그 무렵에 마취술을 활용한 의원으로, 100세가 넘도록 젊음을 유지했다. 어느 날 화타가 길을 가다가 한 병점(餠店)에서 쉬는데, 만성 소화불량으로 죽어가는 사람이 있었다. 화타가 달래를 캐서 즙을 낸 후 환자에게 두 되를 먹이자 병이 씻은 듯이 나았다 한다. 이연수(李延壽)의 《남사(南史)》에도 달래의 약효가 나온다. 이도념이라는 이가 5년 동안 영문 모를 병으로 누워 있었다. 의술에 트인 정승, 저징(祗澄)이 평소에 삶은 달걀을 과식한 때문이라 하면서 환자에게 달래즙 한 되를 먹이니, 병아리 형상의 이물을 열두 개나 토하면서 병이 나았다 했다. 예부터 우리 조상들은 저주(詛呪)로써 얻은 병을 가장 두려워했는데, 이 같은 저주에 유일한 해독제가 바로 달래였다.

당나라 때 농서에 "달래로 김치를 담그면 부추나 파보다 낫다" 했으니, 달래가 김치 재료로 쓰인 역사도 길다. 달래생채, 달래김치를 비롯해서 달래깍두기도 담가 먹었다. 달래깍두기는 부채꼴 모양으로 썬 무와 달래에 고춧가루·새우젓·멸치젓 양념을 넣고 버무린 것으로, 사흘만 두면 알맞게 익는다.

매캐한 맛 때문에 달래는 자극미(刺戟味)를 좋아하는 한국인이 무척 선호한 생채다. 서양 사람들은 사원미(四元味)인, 달고 시고 쓰고 짠 맛밖에 모른다. 이에 비해 한국 사람은 매운맛 하나를 더 체질화한 오원미(伍元味) 민족이다. 매운맛은 미각 신경을 자극해, 타액 분비를 재촉하고 식욕을 증진시키는 중요한 맛이다. 매운맛을 내면서 주로 양념으로 쓰이는 고추·파·마늘·생강과 달리, 달래는 적당하게 매운 맛을 지니며 생채로도 먹을 수 있는 유일한 식품이다.

경기도 지방에서는 경칩이 지나면 신감채(辛甘菜), 곧 가장 먼저 나는 산채 다섯 가지를 뜯어 왕궁에 공납하는 의무가 있었다. 신감채 가운데 대표적인 나물이 달래인데, 임금님이 달래생채를 맛보고 봄이 오는 것을 알았다는 옛 시도 있다.

달래는 신선한 계절 미각의 선두주자일 뿐 아니라 영양 면에서도 뛰어나, 비타민 A·B1·B2·C를 골고루 지녔다. 옛 민요에 "달래 먹고 예뻐졌나"하는 대목이 있듯, 특히 달래는 피부의 젊음과 건강을 다스리는 부신피질호르몬의 분비를 자극하는 미용음식이다.

달래는 삶으면 60-70%의 비타민 C가 파괴되므로, 날로 먹는 게 좋다. 초를 약간 치면 달래 속의 비타민 C가 더욱 활력을 갖는데, 우리 선조들은 분석도 해보지 않고 이미 달래생채에 초를 쳐 먹는 지혜를 보였다. 달래는 알칼리성식품이므로, 산성 노이로제에 걸린 현대인에게도 반가운 식품이다.

3   젓갈류

젓 갈

세상에서 가장 원초적인 맛은 소금 맛이다. 육류건 채소건 곡물이건, 소금만 치면 먹을 수 있다. 소금 맛을 제1의 맛이라 하면, 문명이 발달하면서 생긴 각종 소스, 즉 양념은 제2의 맛이다. 나아가 이제 세상은 서서히 제3의 맛 시대로 옮아가고 있다는 것이 미래학자 토플러의 예견이다. 제3의 맛인 발효 맛은 서양 사람에게는 새로운 것이지만, 우리에게는 옛날부터 익숙해져온 것이다. 제2의 맛은 소스를 첨가해서 내는 맛인 데 비해, 제3의 맛은 식품 자체에서 우러나는 것으로, 보다 문명적이다.

우리가 예부터 일상적으로 먹는 간장·된장·고추장 같은 장류(醬類)와 김치·깍두기·물김치 같은 김치류, 그리고 새우젓·조개젓·생선젓 같은 젓갈류가 전형적인 제3의 맛이다. 김치는 이미 파나마의 식료품점에서 살 수 있게 됐고, 간장도 '맛으로의 모험'이란 캐치프레이즈로 서양의 텔레비전 광고에 등장할 만큼 국제적인 식품이 되었다.

세계 영양학자들은 한국의 수산 발효식품인 각종 젓갈이 단백질 분해작용으로 보나 풍부한 유산균·비타민·무기질을 갖춘 것으로 보나, 또 특유한 발효 맛으로 보나 국제적으로 뛰어난 식품임을 인정했다. 함유된 소금의 분량을 20%에서 8% 정도로 낮출 수 있다면 국제식품으로 널리 보급될 수 있을 것이라 했다. 고려취(高麗臭)라 하여 외국인들로 하여금 코를 막게 했던 젓갈이, 이제 제3의 맛 시대를 맞아 각광을 받는 것이다.

중국의 문헌《제민요술(齊民要術)》에 한 이야기가 있다. 옛날 한 (漢)나라 무제(武帝)가 동쪽 오랑캐를 쫓아서 산둥반도 끝 황해의 바닷가에 이르렀는데, 어디서인지 코에 와 닿는 냄새가 있어 회를 동하게 했다. 부하를 시켜 냄새의 원천을 찾게 한 결과, 어부들이 소금에 버무린 어장(漁腸)을 항아리에 넣어 땅에 묻었다가 이것이 삭아서 맛이 배면 꺼내 먹는다는 것을 알았다. 오랑캐를 쫓다가 얻은 음식이라 하여 젓갈을 '축이(逐夷)'라 이름 지었다. 이 같은 기록으로 미루어 동이족(東夷族)이 젓갈의 문화를 유지하고 발달시켜왔음을 알 수 있다.

중국에서 가장 오래된 자서(字書)인《이아(爾雅)》에 젓갈을 뜻하는 '지(漬)'가 나온다. 또 말레이반도의 어장(魚醬)인 '부쓰우', 인도네시아의 '녹맘', 보르네오의 '자크트', 일본의 '소쓰루' 등 아시아 지역에도 수많은 젓갈이 있지만, 우리의 젓갈이 국제적 입맛에 가장 잘 맞는다고 평가됐다. 옛날 법도 있는 집 마님은 서른여섯 가지 김치, 서른여섯 가지 장, 서른여섯 가지 젓갈을 담글 줄 알아야 했을 만큼, 우리나라는 발효식품의 최선진국이었다. 그 작은 새우의 미세한 알만을 따내 젓갈을 담글 정도로 젓갈 문화가 발달돼 있었다.

서양 사람의 혀에는 발효미 감각이 전혀 없지만 한국 사람에게는 매우 발달돼 있다는 것도 발효 문명국으로서의 생리적 입증이라 할 수 있다. 재료로부터 자연스럽게 우러나는 제3의 맛, 발효식품 젓갈이 국제사회에서 한껏 부각되리라 기대한다.

청 각

우리 조상이 먹어온 해조의 대종으로, 미역·김·파래·다시마 그리고 청각을 들 수 있다. 그중 후각미(嗅覺味)와 촉각미(觸覺味)를 고루 갖춘 음식 재료가 청각이다. 바다의 바위벽에 기생하는 청각은 철사만 한 굵기로 3-5인치쯤 자라며, 마치 사슴뿔처럼 생겼다 하여 '청각채(靑角菜)' 또는 '녹각채(鹿角菜)'라고도 한다. 청각은 따서 말려두었다가, 쓸 때 다시 물에 불린 다음 초를 약간 치면 처음처럼 생기가 돋아난다.

김치, 특히 물김치에 불가결의 양념이다. 청각의 향기는 젓갈이나 생선의 비린내를 완전히 가시게 하고, 맛이 과하여 질리는 것이나 마늘 냄새로 역겨운 것도 중화시킨다. 김칫 맛을 고상하게 하고, 김치 먹고 난 뒷맛을 개운하게 하는 맛의 마술사다.

중국《본초강목》에 보면 청각은 웬만한 식중독도 해독한다 했다. 우리 속방에 "식중독에 걸리면 김칫 국물에 지렁이를 띄워 먹이면 낫는다" 했는데, 여기서 지렁이는 실제의 지렁이가 아니라 바로 김치에 넣은 청각을 말하는 것이다. 김치 속의 청각이 마치 검은 지렁이 같기에 지렁이로 속칭한 것이다.

청각은 씹었을 때 물씬 향내가 풍길 뿐 아니라, 그 씹히는 맛도 일품이다. 나물처럼 초를 쳐서 무쳐 먹기도 하는데, 오돌오돌 씹히는 맛으로 해변 사람들에게는 향수 어린 식품이다. 청각은 말려놓으면 한낱 시든 풀에 불과하지만, 물에 담갔다가 초를 치면 생생하게 발기된다. 이를 유감(類感)하여 우리 속방에서 사나이들의 보양음식으로도 알려져왔다. 그러나《본초강목》에는 사나이가 청각을 오래 먹으면 경락(經絡)과 혈기를 손상해 안색이 나빠진다 했다. 아무튼 김치 속의 청각은 후각미와 촉각미, 보양까지 갖춘 삼위일체의 식품이다.

미역이나 김 같은 해조류를 상식(常食)하고 즐기는 민족은 한국인과 일본인뿐이다.《본초강목》에도 김은 아예 안 나오며, 미역은 신라미역이나 고려미역이라 하여 한국에서 건너간 것을 약제(藥劑)로 쓴다 했다. 해조류는 섬 사람들이 채소를 대신해서 먹는 것으로, 육지 사람이 먹으면 병이 생긴다고도 했다. 그러나 한국 사람은 이미 고려시대부터 해조식을 했다는 기록이 있다. 송나라 사신의 고려 견문기《고려도경(高麗圖經)》에 보면, 고려에서는 해조(海藻)·곤포(昆布) 등을 귀천 없이 즐겨 먹고 있는데, 짜고 비린내가 나지만 오랫동안 먹어 버릇하면 그런대로 먹을 만하다고 나왔다.

고려의 미역은 유명했던 것 같다.《고려사》에 보면 문종 12년에 임금이 미역밭을 하사했다는 기록이 나온다. 문종 33년(1079)년에는 일본 상인이 해조 3백 속(束)을 갖고 와서 흥왕사(興王寺)에 바치고 왕의 축수(祝壽)를 원했다고 했는데, 해조류의 한일 교류 역사가 꽤 깊었음을 알 수 있다. 고려시대의 가곡인〈청산별곡(靑山別曲)〉에도 해조가 나온다. "살어리 살어리랏다/나마자기〔海藻〕 구조개랑 먹고/바다에 살어리랏다." 특히 미역국은 한국의 산속(産俗)과 밀접한 관련을 맺으며 전승돼온 너무나 한국적인 음식이다.

소　금

생명의 원천인 소금을 우리 선조들은 어디서 채취했을까. 바닷물과 짠 호숫물을 증류해서 만드는 것 외에도 채취원은 다양했다. 염분을 품은 흙 속에서 소금을 빼내는 토염(土鹽) 또는 융염(戎鹽)이 있고, 자연적으로 결정된 석염(石鹽)이 있었다. 《물리소식(物理小識)》에 보면 목염(木鹽)이라는 것도 있는데, 소금 성분이 있는 나뭇가지가 있어 이것으로 숯을 만드는 과정에서 염분을 빼낸다 했다. 같은 기록에 초염(草鹽) 또는 연염(連鹽)이 있다. 특수한 풀 속에 있는 소금을 채취하는 것이다.

가장 원시적인 채취원은 야생동물의 살과 피 속에 있는 염분이었다. 수렵민족이나 목축민족은 동물의 고기나 피를 먹기에 목숨이 위태로울 만큼 소금 부족을 느끼지는 않았다 한다. 원시종족사회에서 동물의 피를 신성시하고 피에 대한 금기가 많은 것도, 그 피가 염수요 생존의 조건이었기 때문이다.

그러나 정착 농경민인 우리 선조들은 소금의 결핍을 태곳적부터 느껴왔다. 초식민족이었기에 동물의 피 속에서 염분을 취할 수 없었고, 중국처럼 소금이 나는 흙이나 나무, 풀이 있는 것도 아니어서 소금의 결핍을 매우 크게 느끼며 살았다. 소금 섭취의 부족으로 생겨난 체내의 나트륨 결핍과 칼륨 과잉의 불균형은, 분명 한국인의 체질에 어떻게든 영향을 미쳐왔을 것이다.

특히 바다에서 먼 산간 지방에서는 소금을 얻기 위해 독자적인 수

법을 터득했다. 이규경의 《오주연문장전산고》에 보면 우리나라 서북 지방의 벽지에서 소금을 어떻게 만들어 썼는가 하는 사례가 나와 있다. '구'라는 너도개미자리과에 속하는 다년초와 '욱'이라는 앵두나무과에 속하는 낙엽관목이 있는데, 그 풀과 관목의 순을 잘라 나무통 속에 재어둔다. 햇볕이나 비에 닿게 밖에 놔두면 그 순이 썩는데, 썩은 진액에서 여름철에 구더기가 끓는다. 구더기가 가득해지면 구더기 자체에서 염분이 배출되는 것이다. 찌꺼기를 가라앉히고 그 염분을 떠서 그대로 음식의 간을 맞췄다. 이규경은 "그 더러운 것을 모르고 음식에 간을 한다" 했다. 이것이 목염·초염·석염·혈염보다 발달된 충염이다.

함경도 산간 지방이나 만주 영고탑(寧古塔) 지방에서는 서리 맞은 산나물 수채(水菜)를 뜯어다가 물과 더불어 독 속에 재어 아궁이 곁에 두었다. 이것이 장이 되는데, '승염(勝鹽)'이라 한다 했다. 소나 말똥을 태워 물에 탄 다음 소금을 얻기도 했다.

한국 사람은 주로 식물식(植物食)을 하기에 소금을 많이 필요로 한다. 하루 식염 필요량은 성인의 경우 13g 내외인데, 이 정도만 섭취하면 미각적으로도 생리적으로도 충족된다. 육식을 주로 하는 유럽 사람들은 한국인의 $\frac{1}{3}$ 내지 $\frac{1}{2}$ 정도의 소금 섭취로 충분하다. 인도의 힌두교도들은 신성시하는 소의 오줌을 마시거나 몸에 칠함으로써 염분을 보급하는 지혜를 터득했다. 감자가 주식인 남미 인디언들은 길을 가면서 설탕 먹듯이 암염덩이를 먹고 다닌다.

짜고 싱거움에는 어떤 객관적 표준이 있는 것이 아니다. 민족이나 개인의 생리적 요구, 곧 혈액의 염분 농도가 그를 좌우한다. 혈액의 염분 농도가 낮은 사람이 간을 맞춘 음식은 짜고, 반대의 경우는 싱겁다. 화가 났을 때, 신경을 썼을 때, 사랑에 빠졌을 때, 노심초사했을 때 혈중 염분 농도는 저하된다. 그런 사람이 만든 음식은 짤 수밖에 없다.

새 우 젓

중종 때 판서를 지낸 청빈한 선비 김안국(金安國)이 인심을 잃어가며 재물을 모으고 있는 한 친구에게 훈계의 편지를 띄웠다. 그 편지 가운데 "밥 한 숟가락에 새우젓 한 마리만 얹으면 먹고 살 수 있는데" 하는 대목이 있다. 새우젓은 한국 사람이 흰밥을 목구멍에 넘길 수 있는 최소 단위의 건건이요, 오랜 빈곤 수천 년을 살아낼 수 있었던 최저의 생존 조건이었다. 그래서인지 옛날 산촌에 새우젓장수가 들르면 처녀는 중신아비 들르는 것보다 반갑고, 서방님은 장모 들르는 것보다 반가웠다는 속담이 있다. 새우젓장수는 부잣집 사랑에 모셔졌고, 젊은 무당을 곱게 단장시켜 슬며시 그 방에 넣어주곤 했다.

　삼남 지방의 속어에 '덤통 웃음'이라는 말이 있다. 목적을 위해 계략적으로 웃는 웃음이다. 새우젓장수는 젓갈이 들어 있는 알통과 젓갈 국물이 들어 있는 덤통 둘을 나란히 메고 다녔다. 젓갈을 산 사람들이 덤통을 바라보며 히죽이 웃어 새우젓장수의 애간장을 간지럽히면, 장수는 덤통을 열고 젓국을 더 퍼주었다는 데서 생긴 말이다.

　'짚신·고무신·김치·빈대떡' 하면 한국을 자연스레 연상하듯, 새우젓에도 한국의 본질이 있다. 김치가 세계적인 음식으로 부상되듯이 새우젓도 국제적 각광을 받기 시작했다. 미식(美食) 민족들은 나름대로의 젓갈 문화를 누리고 있다. 중국 젓갈인 지, 말레이시아 젓갈인 부쓰우, 베트남 젓갈인 녹맘, 보르네오 젓갈인 자크트, 일본 젓갈인 소쓰루가 있다. 하지만 단백질 분해작용이나, 풍부한 유산균·무기질·

비타민 함유량과 특유한 발효 맛으로 보아, 한국의 젓갈이 제일 뛰어나다는 것이 구미 식품학자들의 반응이다. 유엔기금에서 미래의 국제식품으로 개발할 뜻을 보여, 1995년 여름에는 한국 젓갈에 대한 국제학술세미나까지 열었다.

신라 신문왕이 김흠운(金歆運)의 딸을 왕비로 삼을 때 예단으로 보낸 품목에 이미 젓갈이 들어 있는 것으로 보아, 젓갈의 역사는 유구하다. 그 젓갈의 대종이 새우젓이다.

세상에는 1만 3,000여 종의 물고기가 있는데, 식탁에 오르는 것은 350종이 고작이라 한다. 그중 우리나라 사람이 먹는 물고기가 150종이나 된다 하니, 한국인은 양적으로나 질적으로 일본인에 버금가는 어식민족(魚食民族)이다. 한국과 일본 다음으로 생선을 많이 먹으며, 또 국책으로 생선 먹기를 권장하고 있는 이집트에서도 생선은 일주일에 한 번 먹으면 많이 먹는 편이라 한다.

각 민족의 체질에 따라 즐겨 먹는 생선이 상당히 다르다. 중국 사람들은 잉어, 일본은 도미, 미국은 연어, 프랑스는 넙치, 덴마크는 대구, 아프리카 사람들은 메기를 즐겨 먹는다. 한국 사람이 가장 즐겨 먹는 생선은 조기다. 그리고 김, 오징어, 굴, 갈치, 꽁치, 고등어, 명태 순으로 해물(海物)을 즐겨 먹는데, 김과 굴 등 몇 가지를 빼놓고는 딴 나라 사람들이 거들떠보지도 않는 생선만을 골라 선호하는 점이 특이하다.

우리는 다른 나라 사람이 즐기는 생선들을 잘 먹지만, 딴 나라 사람들은 우리가 즐겨 먹는 생선을 입에 대지 않으려 한다. 생선 맛에 따른 내셔널리즘이 강하게 나타나는 것이다. 특히 우리의 전통적인 선호 생선으로 쌍벽을 이뤄온 조기와 명태는 한국 사람만이 먹는 생선이다. 조기는 미국 연안에 80종, 유럽에 20종, 열대에 37종, 일본에 14종이나 있다는데 11종밖에 없는 우리나라에서만 최고로 선호된다. 덕분에 조기는 민족색(民族色)을 대변하는 개성 있는 민족 생선이다.

중국 고대 문헌인《설문해자(說文解字)》에 낙랑(樂浪)에서 조기가 난다고 적힌 것을 보면, 조기를 먹어온 역사도 유구하다.《임원십육지(林園十六志)》에서 철쭉꽃 필 무렵 서해안에서 조기를 잡아 선상에서 소금에 절여 만든 굴비는 "나라 안에서 귀천 할 것 없이 고루 많이 먹으며, 가장 맛있는 해물이라 하였다. 중국에서는 조기와 굴비를 안 먹지는 않았지만, 석수어(石首魚)라 해 설사나 소화제 또는 해독제로 널리 알려져 있다.

바다속에 넣은 죽통(竹筒)을 통해 조기 암수가 사랑의 약이 올라 울어대는 것을 감지한 후 그를 잡았는데, '약조기'라 해 상품(上品)으로 쳤다. 사랑을 맛으로 전환시켜 감식한 미각이 참으로 형이상학적이다. 김치라는 문화적 마술에 조기젓의 비중은 막대하다.

어 리 굴 젓

해산물은 민족이나 나라에 따라 기호가 무쌍하다. 한데 세상 사람들 모두가 한결같이 즐겨 먹는 것이 꼭 한 가지 있다. 굴〔牡蠣〕이다. 토머스 풀러가 "사람이 날로 먹을 수 있는 유일한 육류가 굴이다"라고 말한 것으로 미루어, 유럽에서 생식하는 단 한 가지 해산물이 굴이었던 것 같다.

굴은 이미 로마시대부터 양식했다는 기록이 있다. 서양에서는 연중 이름에 'R'자가 안 든 달〔月〕에는 굴을 먹지 말라는 속전(俗傳)이 있다. 5월에서 8월 사이가 해당되는데, 굴의 산란기라서 맛도 떨어지고 독성(毒性)이 있기 때문이다. 셰익스피어의 〈맘 내키는 대로〉에 굴을 언급한 대목이 나온다. "더러운 굴 껍데기 속에 진주가 박혀 있듯, 가난한 집에도 마음이 풍요로운 정직한 사람이 살고 있다." 입이 무거운 사람을 '굴 같은 사나이'라 하고, 정조가 강한 여인을 '굴같이 닫힌 여인'이라 한다. 도덕적으로 긍정적인 이미지를 누려온 굴이다.

우리나라에서도 굴을 먹은 역사는 유구하다. 부산 동삼동과 강화도의 조개무덤에서 굴 껍데기가 많이 출토됐는데, 그중에는 아이 머리만큼 큰 것도 있다. 《고려도경》에도 고려 사람이 상식하는 어패류로서 굴이 거론됐다. 조선조 때 허균(許筠)이 지은 《도문대작(屠門大嚼)》에 보면, 동해의 함경도 고원(高原)과 문천(文川)에서 나는 굴이 크고 좋은데, 맛은 서해안에서 나는 것보다 못하다고 했다. 해가 돋는 동쪽으로 머리를 두고 있는 굴을 보면 굴 따는 여인들이 얼굴 붉히며 치마 속에 감추느라 허겁지겁한다는 말이 있는데, 남편에게 먹이면 밤새 보채는 사랑의 묘약으로 알려져 있기 때문이다.

　서양 사람들은 고작 생굴에다 레몬 · 토마토케첩 · 초를 쳐 먹고, 일본 사람들은 굴로 각종 냄비밥, 프라이, 훈제(燻製) 음식을 해 먹는다. 염지(鹽漬)를 한 후 굴젓을 담가 발효시켜 먹는 건 우리 민족뿐이다. 근세에 고추가 들어오면서는 굴젓에 고춧가루를 배합시켜 얼간한 어리굴젓을 창조해냈다.

　서산 간월도(看月島)의 어리굴젓이 제일이다. 이곳에서 나는 굴은 알이 작은 데다가 고춧가루를 알맞게 흡수하는 솜털이 나 있어, 얼간한 맛을 내는 데 당할 굴이 없다.

오 징 어 젓

임진왜란 때 원병(援兵) 온 명나라 장수가 의주에 피난 가 있는 선조(宣祖)에게 '계두'라는 희귀한 음식을 선물로 바쳤다. 계수나무 속에서 자라는 벌레를 볶은 것으로, 베트남 왕이 공물로 바치는 귀물(貴物)이었다. 한데 선조 임금은 오래도록 주저하고 젓가락을 대지 않았다. 대신 선물에 대한 반례로 '십초어(十梢魚)'국을 보냈는데, 명장 역시 난처한 빛을 보이며 먹지 않았다 한다.

십초어란 바로 오징어. 다리가 여덟 개인 문어나 낙지를 팔초어라 하고, 다리가 열 개인 오징어를 십초어라 부른 것이다. 실은 오징어의 다리도 여덟 개다. 양쪽으로 별나게 긴 두 다리는 다리가 아니라 팔이다. 그 긴 팔은 먹이를 잡아먹을 때 쓰며, 사랑을 나눌 때 암컷을 힘껏 끌어안는 수단으로도 쓴다 하여 '교미완(交尾腕)'이라고 부른다.

동해안에서는 부녀자가 오징어 팔을 먹으면 흉이 된다는 터부가 있다. 반면에 오징어 팔 서른세 쌍만 뜯어 먹으면 속살이 찌고 남편한테 사랑을 받는다 하여 오징어 말리는 해변에 오징어 팔 도둑이 성행했다고도 한다. 노련한 어부는 몸에 오색이 영롱한 오징어가 걸려들면 다시 환생시켜주는 것이 도리라고 말한다. 오색빛이 나는 것을 공작(孔雀)오징어라 속칭하는데, 발정(發情)하여 암컷을 찾아다닐 때 잠시 발광하는 수놈의 체색으로 인한 것이다. 공작오징어를 잡지 않는 것은 오징어의 발정을 보장해주는 인간적 배려 때문이기도 하지만, 한 번의 사랑에 30만-50만 개의 오징어알을 낳는다는 수자원적 계산도 작용했을 것이다.

세상의 모든 수컷에 비해 암컷의 삶이 상대적으로 불행한 건 상식이지만, 특히 오징어 암컷은 가엾기 짝없다. 오징어 수컷은 음흉해 성적으로 미숙한 소녀 오징어를 노려 겁탈한다. 소녀 오징어는 수컷의 정자를 체내에 보관했다가 성숙한 뒤에야 결합하는 지각 부화를 한다. 그렇게 알을 낳은 후 순사(殉死)한다. 그 삶이 길어야 1년이니, 원통하고 억울한 암오징어의 일생이다.

오징어는 '오적어(烏賊魚)'로 표기한다. 오징어는 까마귀 잡아먹기를 좋아해, 해면에 죽은 체하고 떠 있다가 까마귀가 쪼려 들면 다리로 얽어 끌고 들어가 잡아먹는다. 그래서 까마귀의 적, 곧 오적어가 됐다는 설이 있다. 오적어가 부르기 쉽게 구개음화해 오징어가 됐을 것으로 추측된다. 믿지 못하거나 지켜지지 않는 약속을 '오적어 묵계(默契)'라 하는데, 오징어 먹으로 글을 쓰면 1년 만에 먹글씨가 증발해 소멸하기 때문이다. 김치 담그는 젓갈로서 오징어젓의 비중이 점점 높아지고 있다.

김치로
사계절을
살다

통 배 추 김 치

한국 가정에 전래돼온 가장 대표적인 김치로, 이른 가을부터의 풍요로운 계절 맛을 지닌 김치의 주류다. 늦가을부터 다음 해 봄까지 보존하는 김장이며, 전통김치의 대표다. 가을철에 영글어 수확된 품질 좋은 배추와 무를 주재료로 하며, 여러 가지 향신 채소류, 조미제, 젓갈 또는 어육류를 배합해 추운 계절을 거치는 동안 온전히 숙성 발효된다. 김장김치의 저장은 한국의 식문화를 세계에 자랑할 빛나는 지혜이며 훌륭한 과학이다.

재 료

- 통배추 3-4포기(6kg): 중간 크기.
- 무 1-2개(1kg): 중간 크기. 가늘게 채 썰어 김치소(양념)로 사용한다.
- 소금 600g: 일반염.
- 수돗물 혹은 청정한 우물물.
- 쌀가루풀 1컵(1cup): 찹쌀가루 또는 멥쌀가루로 끓인 맑은 풀.
- 액젓 1/2컵(1/2cup): 가정에서 달인 맑은 젓국 혹은 시판 액젓.
- 새우젓 1/4컵(1/4cup): 곱게 다진 육젓. 다른 종류의 젓갈도 쓸 수 있다.
- 김치용 고춧가루 1/2컵(1/2cup)
- 고운 고춧가루 1/2컵(1/2cup)
- 마늘 1/2컵(1/2cup): 곱게 다진다.
- 생강 1/3컵(1/3cup): 곱게 다진다.
- 대파 1/2컵(1/2cup): 4cm 길이로 썬다.
- 갓 1/3컵(1/3cup): 4-5cm 길이로 썬다.
- 미나리 1/2컵(1/2cup): 4-5cm 길이로 썬다.

담 그 는 법

:::: 배추는 떡잎과 상한 겉잎들을 따버리고 뿌리를 자른다. 뿌리 쪽에서부터 칼을 넣어 약 1/4 정도 가른 후, 손으로 나머지를 쪼갠다. 이때 배춧잎 부분까지를 칼로 자르면, 나중에 배추를 절이고 씻을 때 속잎 부분들이 모두 떨어지게 된다. 뿌리나 줄기 부분을 칼로 어느 정도 가른 다음, 나머지는 반드시 두 손으로 쥐고 쪼개야 한다.

:::: 항아리나 크고 넓은 통에 미리 약 8-10% 농도의 소금물을 마련해둔다. 그 속에 두 쪽 혹은 네 쪽으로

쪼갠 배추를 잘 적신다. 쪼개진 쪽을 위로 해서 전부 담고, 웃소금을 약간 뿌린 뒤 눌림을 올려둔다. 김장 배추를 절이는 기간은 대개 30-36시간 정도다. 사용한 소금의 양과 기온, 배추의 양 등에 따라 조금 달라지지만, 김장의 계절이라 해도 이틀을 넘기는 건 안 좋다. 무ㆍ배추의 조직이 물러지거나 전체 김치 맛에 좋지 않은 영향을 미치기 때문이다. 무나 배추는 줄곧 소금물에 잠겨 있어야 하므로, 절이는 동안 에도 한두 번 뒤집어서 골고루 잠기도록 손본다. 절임 과정에서부터 온전한 김치 맛이 형성되는 것이다.

:::: 알맞게 숨이 잘 죽은 배추는 곱게 다뤄야 조직이 상하지 않는다. 배추 몸에 상처나 멍이 들지 않게 얌전 히 만지며, 충분한 양의 냉수에서 두세 번 씻어 헹군다. 그런 다음 절일 때와는 반대로 배추의 자른 부 위를 아래쪽으로 해서, 큰 소쿠리 등에 엎어 물기를 뺀다. 위의 절임 과정은 어떤 종류의 김치 담그기에 서도 빠뜨릴 수 없는 공통되며 중요한 처리 과정이다.

:::: 김치소(양념)를 마련한다. 넓고 큰 그릇에 쌀가루풀(끓여서 식힌 것)과 젓국, 다진 육젓, 고춧가루, 마 늘과 생강 다진 것 등을 모두 넣어 골고루 잘 섞는다. 무채ㆍ갓ㆍ미나리ㆍ파를 넣어 버무린다. 그리고 입맛에 따라 청각ㆍ실고추ㆍ설탕ㆍ조미료ㆍ생굴ㆍ양파채ㆍ당근채를 함께 넣고 김치소를 만든다. 이때 주재료인 배추와 무는 이미 간이 맞게 절여진 것이므로, 김치소의 간을 소금이나 액젓 등으로 잘 맞춰 야 한다. 2.5-2.8%의 염분 농도가 적당하다.

:::: 김치소를 넣는다. 물기를 뺀 배추의 잎줄기 한 켜 한 켜 사이로 김치소를 알맞게 고루 넣는다. 배추를 길이로 절반 접어 제일 겉잎으로 소가 흘러나오지 않게 감싼 후, 김치 용기에 차곡차곡 담는다. 배추의 자른 부위가 위로 오게 쌓는다. 맨 위에 유리나 도자기로 된 큰 접시 등 가벼운 눌림을 올려주는 것도 잊지 않는다. 이때 절인 무 1/4개씩을 배추에 하나씩 박아 넣는다. 배추 속에 넣은 무는 김치를 꺼내 먹 을 때 함께 썰어 그릇에 나란히 담아 낸다.

:::: 이틀 혹은 사흘쯤 후, 김칫 국물의 간을 맞춘다. 이때 국물이 적어 무ㆍ배추가 국물 위로 솟아오르지 않 도록 양을 알맞게 맞춰야 하며, 반드시 다시 눌림을 올려둬야 한다.

섞 박 동 치 미

늦가을이나 초겨울에 제철의 신선한 무·배추를 섞어 담근, 중간 계절의 싱그러운 국물김치다. 이 시기에 한창 지내는 산제·고사·추수감사 등을 위한 잔치음식으로, 떡과 고기(산적과 포)류에 반드시 수반되는 볼품 있고 격 있는 음식이다.

재 료

- 무 1-2개(2kg): 신선하고 연한 것으로 깨끗이 씻어 소금물에 숨 죽인다.
- 배추 1-2포기(2kg): 푸른 잎이 적고 줄기는 두꺼운 것을 고른다. 무와 같이 숨 죽인다.
- 붉은 고추 5개: 색이 곱게 든 중간 크기의 생고추.
- 대파 1컵(1cup): 4-5cm 길이로 어슷 썬다.
- 마늘 1/2컵(1/2cup): 가늘게 채 썬다.
- 생강 1/3컵(1/3cup): 가늘게 채 썬다.
- 식수와 소금
- 청각은 입맛에 따라 선택한다.

담 그 는 법

:::: 무는 두 쪽, 배추는 네 쪽으로 쪼갠다.

:::: 쪼갠 배추 속에 무·고추·마늘·생강·파를 넣고, 둥글게 반을 접는다.

:::: 배추의 겉잎으로 감싼 다음, 소가 흘러나오지 않게 쥐고 항아리 속에 담는다.

:::: 눌림을 올리고 뚜껑을 덮어 하룻밤 재운다.

:::: 다음 날 소금물(농도 3%)을 가만히 붓는다. 소금물은 내용량의 4-5배 정도가 적당하나, 보통 김치통 가득 채우는 것이 상례다. 처음에 재료의 양을 고려해서 알맞은 크기의 김치통을 선택한다.

:::: 찬 곳에서 자연발효시키는 것이 좋은데, 0°C 내외에서 약 4-5주간 익히는 것이 가장 맛있다.

통 배 추 동 치 미

담백하면서도 짜릿한 특유의 맛으로, 겨울철 냉면용이나 메밀국수·냉국수 등의 시원한 국물로 선호된다. 무와는 또 다른 감칠맛의 별미다. 전통적으로는 추운 지방의 명물로 알려져왔으나, 냉장시설의 일반화로 많은 사람들이 즐긴다. 이 김칫 국물에 면을 말아 만든 냉면이나 냉국수는, 정서 깃든 향토식으로 긴 겨울밤 단란한 가족들의 훌륭한 밤참이다. 옛 식탁 예절에서는 "동치미 국물 먹는 모습이 곧 사람의 인품을 말한다"고도 해 우리 전통의 식문화를 엿보게 한다.

재 료

- 배추 2-3포기(4kg): 중간 크기를 골라 절인 다음 씻어 물기를 뺀다.
- 풋고추 10개: 삭힌 것.
- 쪽파 12뿌리: 뿌리째 다듬어 씻어 숨 죽인다.
- 청각 1컵(1cup): 소금물에 씻어 물기를 짠다.
- 마늘 1/2컵(1/2cup): 가늘게 썬다.
- 생강 1/3컵(1/3cup): 가늘게 썬다.
- 식수와 소금

담 그 는 법

:::: 절인 배추를 네 쪽으로 나눈다.

:::: 배추 속에 풋고추 1-2개씩을 넣고, 길이로 절반을 접는다.

:::: 겉잎 두 장으로 배추 몸을 감싸 둥근 꾸러미처럼 만들고, 숨 죽인 쪽파줄기로 싸맨다.

:::: 항아리 바닥에 남은 풋고추와 청각을 깔고, 배추묶음들을 담는다.

:::: 삼베나 성긴 무명천으로 만든 작은 자루에 썬 마늘과 생강을 넣고, 느슨하게 묶어 배추 위에 올려놓는다.

:::: 눌림을 올리고 뚜껑을 덮어 하룻밤 재운다.

:::: 다음 날 소금물(농도 3% 안팎)을 배추 위에 가만히 붓는다. 이때 위의 눌림이 뒤집어 떨어지지 않게 해야 하며, 소금물은 배추의 4-5배 정도가 적당하다.

섞박동치미

통무동치미

통배추동치미

통 무 동 치 미

동치미의 원조다. 우리 고유의 동치미류 중에서도 으뜸이 되며, 계절의 잔치에 없어서는 안 될 중요한 음식이다. 길고 긴 동지섣달 한밤의 중참에는, 메밀묵·도토리묵·감자구이 그리고 한사발의 동치미국수말이가 준비됐고, 가족들의 구수한 사랑이 넘나들었다. 살얼음 낀 차가운 동치미 국물은 젖산균·초산균·효모균의 왕성한 활동으로 숙성 발효돼 독특한 훈향을 풍긴다. 또 훌륭한 권식효과와 소화기능을 북돋우는 역할을 해, 다시없는 음료이며 좋은 반찬이다.

재 료

- 무 7-8개(4kg): 동치미용 토종무. 약간 잘며 몸체 절반쯤이 푸른색인 것을 골라 소금물(농도 3%)에 숨죽인다. 이때 무의 속잎줄기를 어느 정도 붙여두어 속잎이 달린 무동치미로 먹는다.
- 풋고추 10개: 삭힌 것.
- 쪽파 8뿌리: 뿌리째 다듬어 씻어 숨 죽인다.
- 청각 1컵(1cup): 소금물에 씻어 물기를 짠다.
- 마늘 1/2컵(1/2cup): 가늘게 썬다.
- 생강 1/3컵(1/3cup): 가늘게 썬다.
- 식수와 소금

담 그 는 법

:::: 무는 통으로 사용한다. 무잎을 무 몸에 감고, 쪽파로 둘레를 묶어준다.
:::: 항아리 바닥에 삭힌 풋고추와 청각을 깔고, 무를 하나씩 넣는다.
:::: 마늘·생강을 베주머니 안에 함께 넣어 느슨하게 묶은 다음, 무 위에 올려놓는다.
:::: 눌림을 올리고 뚜껑을 덮어 하루 그대로 재운다.
:::: 다음 날, 소금물(농도 3%)을 무 위에 가만히 붓는다.

섞박통김치

신선한 제철의 통무 · 배추를 함께 담가, 먹음직스럽고 풍요로운 맛이 감도는 풍미김치다. 이른 가을부터 한겨울의 김장으로 많이 담가왔다. 젓갈이나 향신 채소류를 많이 혼합하지 않고 주재료인 무 · 배추 본래의 맛을 살려 담백하고 깨끗한 겨울김치 맛을 내는 것이 특색이다.

재료

- 배추 3-4포기(4kg): 잘 여물어 조직이 단단한 중간 크기의 늦가을배추. 절이고 씻어 물기를 뺀다.
- 무 3kg: 알이 작고 조직이 단단한 무. 깨끗이 다듬어 절이고 씻는다.
- 쌀가루풀 1컵(1cup)
- 액젓 1/2컵(1/2cup): 젓의 종류는 입맛에 따른다.
- 김치용 고춧가루 2/3컵(2/3cup)
- 고운 고춧가루 1/3컵(1/3cup)
- 새우젓 1/2컵(1/2cup): 육젓을 곱게 다진다.
- 마늘 2/3컵(2/3cup): 곱게 다진다.
- 생강 1/3컵(1/3cup): 곱게 다진다.
- 쪽파 7뿌리: 3-4cm 길이로 썬다.
- 실고추 1큰술(1Ts): 곱게 채 썬다.

담그는 법

:::: 배추를 길이로 두 쪽씩 쪼개 절인 다음 씻어 물기를 뺀다. 절인 무와 배추를 손질해, 상한 잎과 뿌리 등을 떼어낸다.

:::: 넓은 그릇에 쌀가루풀 · 액젓 · 고춧가루 · 새우젓 · 마늘 · 생강을 넣고 섞는다. 파 · 실고추를 넣어 고루 버무린 후, 간을 맞춰 김치 양념을 만든다.

:::: 배춧잎 사이사이에 양념을 고루 넣고, 무쪽을 얹어 넣어 배추를 절반으로 접는다. 무쪽이 빠져나오지 않게 가장자리의 배춧잎 한두 장으로 둥글게 감싼다. 항아리에 넣을 때 배추의 잎 부분이 위로 오게 한다.

:::: 배추의 겉잎이나 무청 등으로 김치를 덮고, 눌림을 올린다. 위에 소금이나 액젓, 고춧가루를 조금 뿌려둔다. 이틀쯤 후에 국물을 떠서 간을 맞춘다.

동 태 식 해

동태(凍太)는 본산지인 관북 지방에서 한겨울의 명물로 전래돼온 생선이다. 지금은 원양어획과 냉동물로서 사계절 공급이 가능해, 어느 계절에나 담글 수 있게 됐다.

재 료

- 동태 2kg: 싱싱한 동태를 골라 비늘 · 내장을 없앤다. 깨끗이 씻어 소금물(농도 3%)에 절인다. 하루 이틀 냉장고 안에서 살을 굳힌다.
- 무 2kg: 굵직한 채로 썰어 한줌의 소금으로 숨을 죽인다.
- 좁쌀 1kg: 잘 일어서 질지 않게 밥을 짓는다.
- 쌀가루풀 1컵(1cup)
- 맑은 액젓 1컵(1cup)
- 마늘 1컵(1cup): 곱게 다진다.
- 생강 1/2컵(1/2cup) 곱게 다진다.
- 고운 고춧가루 1컵(1cup)
- 김치용 고춧가루 1/2컵(1/2cup)
- 대파 2컵(2cup): 3-4cm 길이로 어슷 썬다.
- 소금: 천일염.

담 그 는 법

:::: 손질한 동태를 먹기 좋은 크기인 2-3cm 토막으로 잘라 고운 고춧가루로 문질러 비빈다. 숨 죽인 무도 함께 섞는다.

:::: 넓은 그릇에 조밥을 식혀 붓고, 쌀가루풀 · 액젓 · 마늘 · 생강 · 고춧가루를 넣어 양념을 만든다.

:::: 위 양념에 동태 · 무 · 파를 넣어 버무린 다음 간을 맞춘다.

:::: 항아리에 담고 맨 위에 우거지를 덮는다.

:::: 눌림을 올리고 뚜껑을 덮어 찬 곳에서 익힌다.

낙 지 섞 박 지

가을낙지는 노루고기 맛이라 한다. 이 가을낙지로 담근 초겨울의 명물김치다.

재 료

- 생낙지 5-6마리(2kg): 신선한 것으로 고른다.
- 무 2-3개(2kg): 넓이 3cm, 두께 0.5cm 정도의 네모로 썬다. 무 잎줄기는 잘라서 절여둔다.
- 마늘 1컵(1cup): 곱게 채 썬다.
- 생강 2/3컵(2/3cup): 곱게 채 썬다.
- 맑은 액젓 1컵(1cup)
- 묽은 쌀가루풀 1컵(1cup): 묽게 쑨다.
- 김치용 고춧가루 1/2컵(1/2cup)
- 고운 고춧가루 1컵(1cup)
- 쪽파 1컵(1cup): 약 4cm 길이로 썬다.
- 밤 2/3컵(2/3cup): 얇고 납작납작하게 썬다.
- 실고추 1/2컵(1/2cup)
- 소금: 천일염.

담 그 는 법

::::: 깨끗이 씻어 썬 낙지를 한 줌의 소금으로 문질러 1-2 시간 눌러둔다. 소금의 작용으로 살 조직에 탄력
이 생겨서 낙지살이 단단하게 굳는다. 이때 썬 무도 함께 넣어 숨을 죽인다.

::::: 절여둔 무 잎줄기의 줄기 부분만 잘라 4cm 길이로 썬 다음, 무와 함께 섞어 넣는다. 잎 부분은 따로 헹
궈 물기를 빼둔다.

::::: 넓은 그릇에 액젓 · 쌀가루풀 · 고춧가루 · 마늘 · 생강을 넣어 고루 섞는다.

::::: 위 양념에 낙지 · 무 · 무줄기를 넣어 버무리면서, 파 · 밤 · 실고추를 뿌려 넣고 고루 무친다.

::::: 항아리에 담고, 낙지와 무를 숨 죽인 소금물로 양념 그릇을 살짝 헹궈 위에 붓는다.

::::: 무잎을 덮고, 1작은술의 김치용 고춧가루와 1작은술의 소금을 고루 뿌린다.

::::: 눌림을 올리고 뚜껑을 덮어 찬 곳에 둔다.

동 태 섞 박 지

이른 겨울에서 초봄에 이르기까지 잡히는 겨울 생선, 동태를 이용해 담근다. 섞박지는 원래 명태의 본산지인 관북 지역의 명물이며, '명태식해'와는 또 다른 맛의 토속김치다.

재 료

- 동태 6-7마리(3kg): 내장과 비늘을 깨끗이 없애고, 대가리를 붙여둔 채로 등 쪽을 가른다. 소금으로 얼간을 했다가 하루 이틀쯤 말린다.
- 무 1kg: 단단한 무로 골라 다듬고 씻는다. 길이로 두 쪽을 내 반달 모양으로 납작하게 썬다.
- 마늘 1컵(1cup): 곱게 다진다.
- 생강 1/2컵(1/2cup): 곱게 다진다.
- 맑은 액젓 1컵(1cup)
- 쌀가루풀 1컵(1cup)
- 김치용 고춧가루 1/2컵(1/2cup)
- 고운 고춧가루 1컵(1cup)
- 대파 2컵(2cup): 4-5cm 길이로 어슷 썬다.
- 미나리 1컵(1cup): 4-5cm 길이로 썬다.
- 실고추 1/2컵(1/2cup)
- 소금: 천일염.

담 그 는 법

:::: 등을 가른 동태를 깨끗이 씻어 넓은 그릇에 담고, 안팎으로 한 줌의 소금을 골고루 뿌려 5-6시간 절인다. 소쿠리에 담거나 줄에 매달아 바람에 말린다.

:::: 동태를 건져낸 소금물에 무를 넣어 숨 죽인다.

:::: 절반쯤 말라 살이 꾸덕꾸덕해진 동태를 가로 2cm, 세로 5cm 정도의 먹기 알맞은 크기로 썬다.

:::: 넓은 그릇에 동태와 숨 죽인 무를 담고, 액젓·쌀가루풀·생강·마늘·고춧가루를 넣어 버무린다. 미나리·파·실고추를 뿌리고 항아리에 담는다.

:::: 눌림을 올리고 뚜껑을 덮어 찬 곳에 둔다.

오징어 섞박지

오징어를 무와 갖은 양념으로 버무려 담근 별미김치다. 소금물에 씻은 생오징어는 하루 이틀쯤 그늘진 곳에 매달아 살을 꾸덕꾸덕할 정도로 말린 다음 쓴다. 늦가을에서 이른 겨울이 제 맛 나는 한철이다.

재료

- 생오징어 3kg: 신선한 물오징어는 내장을 꺼내고 껍질도 말끔히 벗겨, 찬물에 깨끗이 씻는다. 소금으로 얼간을 해서 2-3시간 눌러두었다 건진 다음, 그늘진 곳에 널어 하루 이틀쯤 물기를 뺀다.
- 무 1kg: 속이 단단한 무를 씻어 가로 1.5cm, 세로 5-6cm로 썬다. 한 줌의 소금으로 숨을 죽여둔다.
- 풋고추 0.5kg: 잔 알맹이로 골라 꼭지째 사용한다. 무와 함께 숨을 죽인다.
- 마늘 1컵(1cup): 곱게 다진다.
- 생강 2/3컵(2/3cup): 곱게 다진다.
- 맑은 액젓 1컵(1cup)
- 김치용 고춧가루 1/2컵(1/2cup)
- 고운 고춧가루 1컵(1cup)
- 실파 1컵(1cup): 약 4cm 길이로 썬다.
- 실고추 1/2컵(1/2cup)
- 소금: 천일염.

담그는 법

:::: 넓은 그릇에 꾸덕꾸덕해진 얼간 한 오징어를 가로 1.5cm, 세로 5-6cm로 썰어 담는다. 숨 죽은 무와 풋고추도 함께 담는다.

:::: 위의 주재료에 액젓·마늘·생강·고춧가루를 넣어 고루 무친 다음, 파와 실고추를 뿌리며 섞는다. 항아리에 담는다.

:::: 눌림을 올리고 뚜껑을 덮어 찬 곳에서 익힌다.

동태식해

섞박통김치

오징어섞박지

낙지 섞박지

동태 섞박지

231

대 구 섞 박 지

가자미식해와 더불어 함경남북도 지방 특미김치류의 하나다. 기온이 낮은 겨울철에 어슷 썬 무, 배추에 대구 토막을 섞어 버무린, 빛과 맛이 짙은 토속김치다. 가자미식해와 대구섞박지 맛을 알아야만 비로소 다른 음식 맛도 제대로 안다고 할 만큼 맛과 빛이 풍성한 특수김치로, 희소가치 또한 높다.

재 료

• 배추 2포기(4kg): 절여 씻어서 물기를 뺀 중간 크기.

• 무 1-2개(1kg): 소금으로 숨죽여 씻고 다듬는다.

• 쌀가루풀 1컵(1cup)

• 맑은 액젓 1/2컵(1/2cup)

• 김치용 고춧가루 1/3컵(1/3cup)

• 고운 고춧가루 2/3컵(2/3cup)

• 통대구 1마리(4kg): 얼간해서 수분을 뺀, 살이 꾸덕꾸덕해진 중간 크기.

• 마늘 2/3컵(2/3cup): 곱게 다진다.

• 생강 1/3컵(1/3cup): 곱게 다진다.

• 대파 2컵(2cup): 길고 어슷하게 썬다.

담 그 는 법

:::: 절인 배추 · 무를 약 8-10cm 길이로 썬다.

:::: 얼간해서 말린 통대구를 대가리부터 꼬리까지 배추와 같은 길이로 자른다.

:::: 넓은 그릇에 쌀가루풀 · 액젓 · 고춧가루를 넣고 잘 젓는다.

:::: 위 양념에 대구 토막를 넣어 버무린다. 마늘 · 생강 · 무 · 배추를 넣고 다시 버무린 다음 파를 섞는다.

:::: 무 · 배추 · 대구가 고루 섞여서 들어가도록 항아리나 통에 차곡차곡 담는다. 맨 위에 우거지를 덮는다.
    이때 약간의 소금 · 액젓과 김치용 고춧가루를 뿌린다. 눌림을 올려서 찬 곳에서 삭힌다.

:::: 1-2일 후에 고인 국물을 떠서 간을 맞춘다.

통 대 구 김 치

신선하고 단단한 겨울 대구를 통째 얼간해뒀다가 찬 바람과 찬 기온으로 살이 꾸덕꾸덕하게 마르면, 무·배추를 김치 양념으로 버무려 통대구의 배 속에 넣어 담그는 김장대구다. 원래 함경북도 지방의 향토색 짙은 별미김치로서, 한겨울 밤의 동치미냉면(국수)과 함께 가장 애호해온 자랑식품이다. 통대구김치는 본래 대가족 제도하의 각 가정에서 겨울 동안 대구가 많이 어획되자, 이를 저장하는 방법 중 하나로 담근 것이다. 무·배추를 김장하듯 김치 양념을 대구 배 속에 채워 넣어 삭히는 것이다. 먹는 방법도 다양해, 아쉬운 한겨울 식탁에 푸짐함을 차려주는 특색 있는 주요 부식이다. 농촌보다는 해안 지역에서 중요시해왔다.

재 료

• 대구 2-3마리(6kg): 중간 크기나 작은 것으로, 냉동이 아닌 물 좋고 신선한 대구를 쓴다. 비늘을 깨끗이 긁은 다음, 배 쪽을 가르지 말고 등 한가운데로 칼을 넣어 윗등에서부터 가르며 펼친다. 이때 배추처럼 두 쪽으로 완전히 쪼개지 말고 하나로 널따랗게 펼쳐지도록 한다. 내장을 말끔히 꺼내고, 대가리와 꼬리는 붙인 그대로 찬물에 깨끗이 씻어 소금(농도 2%)에 절여 1-2주 정도 눌러둔다. 알과 아가미, 이에 붙은 내장은 정갈하게 씻어 소금에 절였다가 젓으로 따로 담근다. 통배추 절일 때의 예비 처리 과정과 같이 반드시 대구도 절여서 물기를 빼야만 살이 단단하게 굳는다. 이 절임 과정이 없으면 대구나 배추의 조직은 미끄러워지고 뭉클어진다.

• 무 1-2개(2kg): 중간 크기 1-2개의 무를 깨끗이 씻어 길이로 반을 쪼갠다. 다시 한 쪽을 8-10쪽 정도의 반달형으로 썬다. 썬 무를 30-40g의 소금으로 문질러 절여둔다.

• 배추 2kg: 크고 푸른 잎이 없는 것. 깨끗이 씻어 10cm 길이로 잘라 30-40g 소금으로 무와 같이 절인다.

• 대파 400g: 씻어서 통파를 네 쪽으로 가른 다음, 6-8cm 길이로 자른다.

• 마늘 1/2컵(1/2cup): 곱게 다진다.

• 생강 1/4컵(1/4cup): 곱게 다진다.

• 고춧가루 3/4컵(3/4cup): 김치용 또는 고운 고춧가루 모두 쓸 수 있다.

• 액젓 1/2컵(1/2cup): 새우젓 곱게 다진 것 등, 젓갈의 종류는 각자가 선택한다.

담 그 는 법

::::: 막김치보다 좀 큼직하고 어슷하게 썬 무와 미리 절여둔 배추에, 고춧가루를 넣어 버무린다. 액젓으로 간을 맞추고, 마늘·생강을 넣어 고루 섞어 속김치를 만든다.

통대구김치

대구섞박지

:::: 물기 없이 꾸덕꾸덕하게 마른 통대구의 배속에 위의 속김치를 채워 넣고, 갈라진 등을 맞붙여 한 마리의 통대구 그대로를 항아리에 차곡차곡 넣는다. 속을 넣고 등을 붙인 통대구를 두세 토막으로 잘라 담기도 한다.

:::: 배춧잎 우거지로 대구살이 보이지 않게 두세 겹 덮은 다음, 약간의 고춧가루와 소금을 뿌린다. 눌림을 올려 찬 곳에 보관한다. 2-3일이 지난 후 국물의 간을 다시 맞춘다. 국물이 눌림 위에까지 차오르지 않으면, 소금이나 액젓으로 간을 맞춘 국물을 더 부어야 한다.

:::: 속김치와 함께 잘 익은 대구살이 연어 빛처럼 붉다. 굳은 살이 길이로 죽죽 찢어지므로, 대구살만을 명란 크기로 찢어 참기름·깨소금·실파 등을 섞어 명란처럼 먹는다. 지방에 따라서는 이것을 '대구모 젓'이라고도 한다. 통대구 배 속에서 익은 속김치와 함께 '대구섞박지'처럼 먹기도 한다.

고들빼기김치

천연 야생식물인 고들빼기(학명 Ixeris Sonchifolia)는, 늦가을에 찬서리를 맞고 잎과 줄기가 짙은 녹색이 되며 조직이 한결 더 질겨진다. 뿌리까지 통째 소금물에 우려서 쓴맛을 없앤 다음 사용한다. 고들빼기김치는 갖은 양념과 짙은 젓국에 버무려 담그는 남도 지방의 토속김치로 유명하다. 예부터 고들빼기에는 약미성분(藥味成分)이 함유돼 있는 것으로 전해져왔다.

재 료

- 고들빼기 2kg: 뿌리째 다듬어 소금물(농도 2-3%)에 넣은 다음, 3-4일 쓴 맛을 우려낸다.
- 무 1kg: 어른의 새끼손가락 크기만 하게 썬다.
- 풋고추 0.5kg: 중간 크기의 단단한 풋고추를 삭힌다.
- 쪽파 0.5kg: 뿌리만 자르고 통째 사용한다.
- 쌀가루풀 1컵(1cup)
- 멸치젓 1컵(1cup): 곱게 다진다. 황석어젓·오징어젓·갈치젓 등의 살 토막을 넣기도 한다.
- 마늘 1컵(1cup): 곱게 다진다.
- 생강 1/2컵(1/2cup): 곱게 다진다.
- 김치용 고춧가루 1컵(1cup)
- 고운 고춧가루 2/3컵(2/3cup)
- 실고추 1/2컵(1/2cup)
- 맑은 액젓 1컵(1cup)
- 소금: 천일염.

담 그 는 법

:::: 소금물에 우려낸 고들빼기를 찬물로 깨끗이 헹궈 소쿠리에 건진다. 썬 무도 한 줌의 소금을 뿌려 숨을 죽인 다음, 건져 물기를 뺀다.

:::: 넓은 그릇에 쌀가루풀·멸치젓·고춧가루·마늘·생강을 넣고 고루 섞는다. 오징어젓·꼴뚜기젓·황석어젓·갈치젓 등의 살 토막을 넣으려면 이때 넣는다.

:::: 위 양념에 고들빼기 무·풋고추·쪽파를 넣고 버무린다. 실고추를 뿌려 넣고 항아리에 담은 다음 우거지로 덮는다.

:::: 눌림을 올려서 뚜껑을 덮고 찬 곳에 둔다. 봄이나 여름에 먹으려면 땅속에 묻는다.

고들빼기김치

통무소박이

통무소박이

무 맛이 제격인 가을철에 담근다. 살이 단단하면서도 연하고 싱그러운 햇무에 맛있는 김치소를 넣어 담근, 계절의 풍요와 풍류를 함께 상징하는 작품김치다. 우리 식문화의 예지롭고 다양한 문양이 새겨져 있다.

재 료

- 통무 5-6개(4kg): 잘고 연한 것으로, 얼간을 해서 하룻밤 숨을 죽인다. 무가 소금물 위로 떠오르지 않게 눌림을 올려둔다.
- 무 1kg: 곱게 채 썬다.
- 묽은 쌀가루풀 1컵(1cup)
- 맑은 액젓 2/3컵(2/3cup)
- 고운 고춧가루 1컵(1cup)
- 김치용 고춧가루 1/2컵(1/2cup)
- 실고추 1/4컵(1/4cup)
- 마늘 1/3컵(1/3cup): 곱게 다진다.
- 생강 1/3컵(1/3cup): 곱게 다진다.
- 쪽파 6뿌리: 3-4cm 길이로 썬다.
- 미나리 3줄기: 3-4cm 길이로 썬다.
- 당근 200g: 곱게 채 썬다.
- 밤 4-5개: 곱게 채 썬다.

:::: 하룻밤 숨 죽인 무(줄기도 함께 절임)를 찬물에 씻어 물기를 뺀다. 깨끗이 다듬고, 십자(十字)형 칼집을 넣어 소 넣을 자리를 낸다. 오이소박이 담글 때처럼, 양쪽 끝을 다 자르지 않고 붙여둔다.

:::: 넓은 그릇에 쌀가루풀 · 액젓 · 고춧가루 · 마늘 · 생강을 넣고 섞은 다음, 무 · 당근 · 파 · 미나리를 넣어 버무린다. 실고추 · 밤을 뿌려 넣는다.

:::: 칼집을 낸 무 속에 양념소를 조심스레 집어넣어 항아리에 눕혀 담는다. 이때 소가 빠져나오지 않게 절인 무청으로 둘레를 돌려 매기도 한다. 다 쟁인 무 위에 절인 무청을 충분히 덮어준다. 양념 그릇을 물로 헹궈 위에 붓는다. 약간의 소금, 김치용 고춧가루를 섞어 무청 위로 고르게 뿌리고, 눌림을 올린 다음 찬 곳에서 익힌다.

보 쌈 김 치

양념과 손길이 많이 드는 데 비해, 장기간 저장할 수 없는 단점이 있다. 흔하게 담그는 김치가 아닌 잔치용 특수김치로, 맛과 모양새가 좋아 사랑받는 음식이다. 늦가을에서 겨울까지가 제철이나, 냉장시설을 활용해 봄여름에도 담글 수 있다. 배합 재료에 따라서 고급김치에서부터 모양만 보쌈일 뿐인 보통김치에 이르기까지 다양한 형태가 될 수 있다.

재 료

• 배추 3포기(6kg): 중간 크기로, 절인 다음 씻어 물기를 뺀다.

• 무 1개(2kg): 큼직한 것으로, 소금물에 숨 죽여 씻은 다음 다듬는다. 2-3cm 크기의 얇은 네모로 썬다.

• 대파 2컵(2cup): 2-3cm 길이로 어슷 썬다.

• 미나리 1컵(1cup): 2-3cm 길이로 썬다.

• 청각 1컵(1cup): 2-3cm 길이로 썬다.

• 마늘 1/2컵(1/2cup): 곱게 채 썬다.

• 생강 1/3컵(1/3cup): 곱게 채 썬다.

• 김치용 고춧가루 1/2컵(1/2cup)

• 고운 고춧가루 1/2컵(1/2cup)

• 실고추 1큰술(1Ts)

- 맑은 액젓 1/2컵(1/2cup)

- 낙지: 3cm 길이로 어슷 썬다. 약간의 소금을 뿌려 물기를 뺀다.

- 생굴 1컵(1cup): 중간 크기보다 약간 작은 것으로, 소금물에 헹궈 물기를 뺀다.

- 생새우 1컵(1cup): 중간 크기보다 작은 것으로, 소금물에 헹궈 물기를 뺀다.

- 배 1컵(1cup): 2cm 네모로 얇게 썬다.

- 은행 1/2컵(1/2cup)

- 잣 1/2컵(1/2cup)

- 밤 1컵(1cup): 네모로 얇게 썬다.

- 석이버섯 1/4컵(1/4cup): 곱게 채 썬다.

- 대추 1/2컵(1/2cup): 곱게 채 썬다.

- 당근 1컵(1cup): 2cm 네모로 얇게 썬다.

- 묽은 쌀가루풀 1컵(1cup)

담 그 는 법

:::: 배추를 썰기 전에, 크고 넓은 가장자리 잎들을 필요한 만큼 포기에서 떼내 쟁반에 담아둔다. 남은 배추를 3 - 4cm 길이로 썬다.

:::: 넓은 그릇에 무 배추 당근 청각 미나리 파 등의 재료를 모두 넣고 섞는다. 낙지 굴 새우 마늘 생강을 넣고, 쌀죽 액젓 고춧가루를 넣은 다음, 가볍게 저으며 고루 섞는다. 소금이나 액젓으로 간을 맞추어 김치속을 마련한다.

:::: 오목한 그릇 안바닥에 떼어둔 배춧잎 4쪽씩을 겹쳐놓는다. 잎 부분을 그릇 위쪽 사방으로 펼쳐 그릇이 덮일 정도로 펴놓는다.

:::: 김치속을 한 켜씩 알맞게 놓는다. 그 위에 낙지 새우 굴 밤 은행 배 잣 대추 석이버섯 실고추 등 모든 재료를 볼품있게 놓는다.

:::: 위로 펼쳐진 배춧잎을 한 장씩 차례로 감싸 덮어, 단단하고 둥근 꾸러미로 만든다. 김치속이 빠져나오거나 모양이 일그러지지 않게 주의한다.

:::: 차곡차곡 항아리에 담고, 위에 남은 배춧잎을 덮는다. 눌림을 한 다음, 하루 이틀 후 국물 간을 맞춰 찬 곳에서 익힌다.

보쌈김치

게 쌈 김 치

 게 껍질 속에 게살을 섞은 갖은 양념을 채워 넣어 담그는 게살소박이다. 살림살이에 마음과 정성을 들이는 사람들의 애정과 수고로 담그는 미식(美食, Gourmet) 조미김치다.

재 료

- 게 15-20마리: 싱싱하게 살아 있는 게를 깨끗이 손질해 씻는다. 다리들을 떼내, 속의 살을 모두 긁는다. 껍질 안의 먹지 않는 것은 버리고, 알과 살을 긁어 다리살과 함께 담는다. 1작은술의 소금을 뿌려 가볍게 섞는다.
- 무 2kg: 신선한 무를 다듬고 씻어 곱게 채 썬다. 한 줌의 소금을 뿌려 숨 죽인다.
- 배추 1kg: 겉잎은 따로 절이고, 속잎만 씻어 채를 썬 다음 무와 같이 숨 죽인다.
- 마늘 3/4컵(3/4cup): 곱게 채 썬다.
- 생강 1/4컵(1/4cup): 곱게 채 썬다.
- 고운 고춧가루 3/4컵(3/4cup)
- 김치용 고춧가루 1/4컵(1/4cup)
- 맑은 액젓 1/2컵(1/2cup)
- 대파 1컵(1cup): 곱게 채 썬다.
- 미나리 1컵(1cup): 잎사귀들을 훑어버리고 줄기만 3-4cm 길이로 썬다.
- 밤 1/2컵(1/2cup): 곱게 채 썬다.
- 갓 1/3컵(1/3cup): 까만 꼭지를 딴다.
- 실고추 1/3컵(1/3cup)
- 소금: 천일염.

:::: 손질한 게 껍질을 소금물(농도 4%)에 한 번 담갔다가 건진다. 소금물은 받아둔다.

:::: 넓은 그릇에 게살·마늘·생강·고춧가루·액젓을 붓고 고루 섞는다. 무·배추를 살짝 짜 건져서 앞의 양념에 넣어 버무린다. 파·미나리·밤·잣·실고추를 뿌려 넣고 간을 맞춰 게 껍질 속에 들어갈 양념을 만든다.

:::: 게 껍질에 양념소를 알맞게 채워 넣는다. 소 넣은 게를, 소 넣은 쪽이 위로 오게 해서 살짝 눌러 다져가며 항아리에 담는다.

:::: 절여둔 배춧잎을 우거지로 덮고, 받아둔 소금물로 양념 그릇을 살짝 헹궈 위에 붓는다.

:::: 눌림을 올리고 뚜껑을 덮어서 냉장한다.

나박김치

적은 양을 언제나 손쉽게 담글 수 있는 사철김치다. 어느 계절이건 나박김치 없는 식탁은 마음이 덜 간 식탁으로 여겨져왔다. '식성지인성(食性之人性)'임을 전통적으로 믿어온 우리네 살림살이 정서와 기질에서도 두세 가지 김치 차림은 기본으로 전해져왔다.

재료

- 무 2kg: 싱싱한 무를 3-4cm의 얇은 네모로 썰어, 한 줌의 소금으로 숨을 죽인다.
- 통배추 1kg: 3cm 길이로 썰어 무와 같이 숨을 죽인다.
- 미나리 1컵(1cup): 잎사귀들을 훑어버리고 줄기만 3-4cm 길이로 썬다.
- 파 1 컵(1cup): 대파는 어슷 썰고, 실파는 통째 3-4cm 길이로 썬다.
- 마늘 2/3컵(2/3cup): 곱게 채 썬다.
- 생강 1/3컵(1/3cup): 곱게 채 썬다.
- 고추 1컵(1cup): 붉은 고추를 얇게 저며 썬다. 혹은 마늘·생강과 함께 믹서로 간다.
- 쌀가루풀 1컵(1cup)
- 소금: 천일염.

담그는 법

:::: 숨 죽은 무·배추를 소쿠리에 건진다. 소금물은 받아둔다.

:::: 넓은 그릇에 쌀가루풀·마늘·생강·고추를 넣고 섞은 다음, 무·배추를 넣어 가볍게 버무린다.
　　　미나리·파를 넣고 섞어서 항아리에 담는다.

:::: 받아둔 소금물로 양념 그릇을 살짝 헹궈 붓고, 주걱으로 가만히 젓는다.

:::: 국물 양과 김치 간을 알맞게 맞추고, 뚜껑을 덮어 찬 곳에 둔다.

더덕물김치

보통 더덕은 구이나 무침, 막김치형 절임으로 요리하는데, 산사(山寺)의 공양식에서 물김치로도 담가온 흔적을 찾을 수 있다. 일반인에게는 생소하지만 김치 종류로는 관심을 기울일 만하다.

재료

- 생더덕 3kg: 건조나 냉동물이 아닌 제철의 햇더덕을 쓴다. 껍질을 벗긴 다음, 소금물(농도 2%)에 2-3 시간 담근다.
- 무 0.5kg: 싱싱하고 연한 무를 다듬어 씻어, 나박김치 크기와 같이 2-3cm 네모로 얇게 썬다.
- 미나리 0.5kg: 줄기를 4-5cm 길이로 썬다.
- 실파 2컵(2cup): 4-5cm 길이로 썬다.
- 마늘 1/3컵(1/3cup): 곱게 채 썬다.
- 생강 1/4컵(1/4cup): 곱게 채 썬다.
- 붉은 고추 1/2컵(1/2cup): 꼭지를 떼고 두 쪽으로 갈라 씨를 뺀다. 어슷 썰거나, 통고추를 씨째 곱게 간다.
- 밤 1/2컵(1/2cup): 곱게 채 썬다.
- 잣 1/3컵(1/3cup)
- 실고추 1/4컵(1/4cup)
- 소금: 천일염.

담그는 법

:::: 더덕을 건진 다음, 칼등으로 두들겨 조직을 부드럽게 한다. 4-5cm 길이로 썰어 무와 함께 항아리에 담는다.

:::: 미나리 · 파 · 마늘 · 생강 · 고추 · 밤 · 잣을 넣고 실고추도 뿌려 넣어 섞는다. 소금으로 간을 맞춘 국물을 붓고, 병을 가만히 흔들어 고루 섞이게 한다.

:::: 2-3 시간 뒤 국물 간을 알맞게 맞춘 다음, 찬 곳에 둔다.

햇 도 라 지 김 치

도라지는 천연산 식물로서, 산록지대(山麓地帶)에 생성되는 산나물의 일종이다. 원래는 '산도라지'로 불렸으나, 일반 재배를 많이 한 이후부터 그냥 도라지(Bellflower 혹은 Chinese Balloon Flower Root, 학명 Platycodon Grandiflorum)로 통칭됐다. 흰색과 연보라색 도라지꽃은 한대식물(寒帶植物)인 프리지어(Freesia)꽃보다 더 청초하고 애틋한 아리따움을 간직하고 있다. 고비 · 고사리와 함께 우리 제식〔祭祀床, 祝祭飲食〕으로 빠뜨릴 수 없는 주요 나물이다.

재 료

- 생도라지 3kg: 말린 것과 삶은 것이 흔하지만, 제철인 봄에는 싱싱한 생도라지도 쉽게 구할 수 있다. 껍질을 벗기고, 5-6cm 정도 크기로 손으로 찢는다.
- 무 0.5kg: 다듬어 씻어 곱게 채 썬다.
- 오이 0.5kg: 씨 없고 속살이 단단한 오이를 납작하고 어슷하게 썬다.
- 마늘 2/3컵(2/3cup): 곱게 다진다.
- 생강 1/3컵(1/3cup): 곱게 다진다.
- 김치용 고춧가루 1/3컵(1/3cup)
- 고운 고춧가루 2/3컵(2/3cup)
- 설탕 1/2컵(1/2cup)
- 대파 2컵(2cup): 3-4cm 길이로 채 썬다.
- 소금: 천일염.
- 우거지용 배춧잎을 준비한다.

담 그 는 법

:::: 도라지에 한 줌의 소금을 문질러 비빈 다음 30분 정도 둔다. 무 · 오이도 함께 숨 죽인다. 도라지 · 무 · 오이를 가볍게 짜서 소쿠리에 건진다. 소금물은 받아둔다.

:::: 넓은 그릇에 마늘 · 생강 · 고춧가루 · 설탕을 넣어 고루 섞은 다음, 도라지 · 무 · 오이를 붓고 파를 뿌려 버무린다.

:::: 병이나 항아리에 도라지를 차곡차곡 다져 담고, 받아둔 소금물로 양념 그릇을 헹궈 위에 붓는다.

:::: 우거지로 덮고 눌림을 올린 후, 뚜껑을 덮어 찬 곳에 둔다.

더덕물김치

햇도라지김치

더덕김치

더 덕 김 치

자연식물인 더덕(Wild Lanceolate Root, 학명 Codonopsis Lanceolata)은 예부터 우리 산악지대에서 흔히 자라왔다. 뿌리나물〔食用草根〕로서 식용 섬유질이 풍부하고, 씹히는 탄탄한 줄기 맛과 양념 맛은 '산에서 나는 고기'에 비유된다. 생김새는 인삼·산도라지 등과 비슷해도 맛은 다르다. 더덕의 성장기인 봄에 싱싱한 생더덕을 갖은 양념에 무쳐 석쇠에 굽는 '더덕구이'를 비롯해서 '더덕회(膾)'·'더덕김치' 등 많은 더덕 요리는 원래 사찰 음식으로 산간미식(山間美食)에 속했던 것이다.

재 료

• 생더덕 3kg: 싱싱한 생더덕을 다듬어 소금물에 씻은 다음, 칼등으로 두들겨 껍질을 벗긴다.

• 쌀가루풀 1컵(1cup): 죽보다 되게 쑨다.

• 마늘 2/3컵(2/3cup): 곱게 다진다.

• 생강 1/3컵(1/3cup): 곱게 다진다.

• 김치용 고춧가루 1/3컵(1/3cup)

• 고운 고춧가루 2/3컵(2/3cup)

• 설탕 1/2컵(1/2cup)

• 무 0.5kg: 속이 연한 무를 다듬어 씻어 곱게 채 썬다.

• 대파 2컵(2cup): 4-5cm 길이로 어슷 썬다.

• 밤 1/2컵(1/2cup): 곱게 채 썬다.

• 소금: 천일염.

• 배춧잎 4-5장: 우거지용.

담 그 는 법

:::: 껍질 벗긴 더덕을 긴 것은 6-7cm 길이로, 짧은 것은 그대로 가지런히 맞춰 절반으로 쪼갠다. 양념이 잘 스며들게 등 쪽을 칼등으로 자근자근 두들긴다. 한 줌의 소금으로 비벼 부드럽게 숨을 죽인다.

:::: 넓은 그릇에 쌀가루풀·마늘·생강·고춧가루·설탕을 넣어 양념을 만든다.

:::: 숨 죽인 더덕을 양념에 넣어 버무린 다음, 무·파·밤을 섞는다.

:::: 항아리에 다져 담고, 받아둔 소금물로 양념 그릇을 헹궈 위에 붓는다. 배춧잎 우거지로 덮는다.

:::: 눌림을 올리고 뚜껑을 덮어, 찬 곳에서 익힌다.

통 마 늘 절 임

풋마늘이 아직 덜 여물었을 때, 여린 햇마늘을 통으로 절여 껍질까지 먹는 '전통 마늘지' 담그는 방법이다. 전통적으로 알뜰한 살림집의 밥상에는 사계절 내내 통마늘절임이 끊이지 않고 차려졌다. 크고 작은 장독·김치독·절임독 들이 눈부신 햇살에 반짝이며 즐비한 뒤란뜰 풍경은, 유서 깊은 우리 식문화의 아름다운 문양이며 지혜로운 살림 질서와 정서의 상징이다.

재 료

- 통마늘 3kg: 싱싱하고 고른 크기의 여린 통마늘을 골라, 뿌리털과 줄기 끝을 자르고 다듬는다. 깨끗이 씻어, 한 줌의 소금으로 1–2시간 숨 죽인 다음 건진다. 여분의 마늘줄기 등으로 우거지를 만들어둔다.
- 간장 1리터(1L): 색이 연하고 짜지 않은 진간장이나 국간장.
- 끓인 물 2컵(2cup)
- 설탕 1컵(1cup)
- 식초 3/4컵(3/4cup): 무색의 증류 식초.

담 그 는 법

:::: 숨 죽인 마늘 두세 뿌리씩을 마늘줄기로 묶어 작은 다발로 만든다.
:::: 물기 없는 항아리에 차곡차곡 눕혀 담는다. 마늘줄기 우거지로 위를 덮고 눌림을 올린다.
:::: 끓는 물에 간장과 설탕을 넣은 다음, 다시 한 번 물이 끓어오르면 재빨리 통마늘 항아리에 붓는다. 마늘 꾸러미가 간장 위로 떠오르지 않게 한다.
:::: 바로 뚜껑을 덮었다가 간장이 차게 식은 후에 식초를 넣는다. 뚜껑을 덮어 찬 곳에 둔다.

통마늘절임

무말랭이절임

뽕잎김치

무 말 랭 이 절 임

풍성히 추수된 가을무 중 김장하고 남은 것은 장아찌나 짠지로, 혹은 생무로 땅속 움집에 묻는다. 이렇게 무 저장의 한 방법으로 전해온 무말랭이절임은, 한국 가정의 부식 중에서 가장 친근한 음식 중 하나다.

재 료

- 무말랭이 3kg: 무를 가로 1cm, 세로 5cm로 썰어 소금(농도 1-2%)에 살짝 절인다. 배어 난 물기를 짜 버리고 그늘에서 하루 이틀 시들게 한다.
- 고춧잎 0.5kg: 가을에 고추밭을 걷을 때 훑어낸 고춧잎과 연한 줄기를 살짝 데쳐, 그늘에서 하루 이틀 말 린다.
- 무청 0.5kg: 무청을 소금물(농도 1-2%)에 1-2시간 정도 숨 죽여, 4-5cm 길이로 썬다. 물기를 짜버리 고 그늘에서 말린다.
- 맑은 액젓 1컵(1cup)
- 대파 1컵(1cup): 어슷 썬다.
- 마늘 2/3컵(2/3cup): 곱게 채 썬다.
- 생강 1/3컵(1/3cup): 곱게 채 썬다.
- 고운 고춧가루 2/3컵(2/3cup)
- 김치용 고춧가루 1/3컵(1/3cup)
- 설탕 1/3컵(1/3cup)
- 실고추 1/4컵(1/4cup)
- 소금: 천일염.

담 그 는 법

:::: 절반쯤 말린 무말랭이와 고춧잎, 무청을 찬물에 헹궈, 물기를 가볍게 짠 다음 함께 섞는다.
:::: 넓은 그릇에 액젓·마늘·생강·고춧가루·설탕을 넣고 섞은 다음, 위 재료를 넣고 고루 버무린다.
    파·실고추를 넣어 섞고, 소금이나 액젓으로 간을 맞춘다.
:::: 항아리에 다져 넣고 눌림을 올린 후 뚜껑을 덮어 찬 곳에 보관한다.

뽕잎 절임

늦은 봄에서 이른 여름에 걸쳐 뽕나무 묘목의 연녹색 잎을 따내는 것은, 수확을 보다 풍성하게 하기 위함이다[1]. 이렇게 추려낸 뽕잎들을 소금으로만 절이거나 갖은 양념으로 무쳐 열무김치처럼 먹어왔다. 중동이나 동서 유럽 나라들에서는 포도잎을 그렇게 절여 먹었다. 비슷한 식사 문화의 각기 다른 문양이다.

재 료

- 뽕잎 3kg: 어린 나무에서 돋아난 연한 뽕잎을 꼭지째 그대로 씻어 건진다.
- 쌀가루풀 1컵(1cup)
- 맑은 액젓 1/2컵(1/2cup)
- 김치용 고춧가루 2/3컵(2/3cup)
- 마늘 2/3컵(2/3cup): 곱게 다진다.
- 생강 1/3컵(1/3cup): 곱게 다진다.
- 쪽파 2묶음: 뿌리를 자른 통쪽파를 3-4줄기씩 모아 제 줄기로 동여매 작은 다발로 묶는다.
- 소금: 천일염.

담 그 는 법

:::: 뽕잎을 10-20장씩 흰 실로 묶어 다발을 만든 다음, 소금물(농도 2%)에 담가 30분쯤 숨 죽여 건진다. 소금물은 받아둔다.

:::: 넓은 그릇에 쌀가루풀 · 액젓 · 마늘 · 생강 · 고춧가루를 넣은 다음, 받아둔 소금물 2-3컵을 붓고 잘 섞는다.

:::: 위 양념에 뽕잎 묶음을 잘 적셔, 항아리에 한 묶음씩 차곡차곡 담는다. 파 묶음을 나란히 위에 올려 덮고, 남은 양념 국물을 붓는다. 소금물로 양념 그릇을 헹궈 위에 더 붓는다.

:::: 눌림을 올리고 뚜껑을 덮어 찬 곳에서 익힌다.

[1]잎이 지나치게 무성하면 열매가 적게 맺힌다는 작황(作況) 경험에서 볼 때, 콩잎 · 깻잎 · 뽕잎 · 피마자잎 · 포도잎 등의 순이나 햇잎사귀들은 적시에 추려주는 것이 좋다.

생 두 릅 김 치

맑고 깊은 산악지대에서만 자라는 나무의 싹잎(芽葉, Sprout, Shoot)으로, 오갈피과(伍加皮科)에 속하는 생약재식물(生藥材植物)이다. 산사(山寺)의 미식류(美食類)로 알려져왔다. 학명은 Arabisa Elata고, 일본 · 중국 · 몽고 · 티베트 등지에서도 식용식물로 애용한다.

산채(山菜) 중 가죽나무(Ailanthus) 줄기 · 잎과 함께 가장 비싼 나물이며, 천연산 계절식물 또는 희귀식물로서 매우 귀한 것이다.

재 료

- 생두릅 3kg: 건조나 냉동된 것이 아닌 제철의 싱싱한 두릅을 다듬어, 엷은 소금물에 담가 하루쯤 둔다. 혹은 끓는 물에 살짝 데쳐, 찬물에 씻어 건진다.
- 무 0.5kg: 속살이 단단한 무를 다듬어 씻어 곱게 채 썬다.
- 마늘 2/3컵(2/3cup): 곱게 채 썬다.
- 생강 1/3컵(1/3cup): 곱게 채 썬다.
- 묽은 쌀가루풀 1컵(1cup)
- 맑은 액젓 1컵(1cup)
- 고운 고춧가루 1/3컵(1/3cup)
- 김치용 고춧가루 1/3컵(1/3cup)
- 설탕 1/3컵(1/3cup)
- 대파 2컵(2cup): 3-4cm 길이로 어슷 썬다.
- 밤 1/2컵(1/2cup): 곱게 채 썬다.
- 실고추 1/3컵(1/3cup)
- 소금: 천일염.
- 우거지용 배춧잎을 준비한다.

담 그 는 법

::::: 절인 두릅을 찬물에 헹궈 건진다. 데친 두릅이면 그대로 무와 함께 1작은술의 소금을 뿌려 섞어둔다.
::::: 넓은 그릇에 마늘 · 생강 · 쌀가루풀 · 액젓 · 고춧가루 · 설탕을 넣고 섞는다.
::::: 위 양념에 두릅 · 무를 넣고 파 · 밤 · 실고추를 고루 뿌려 섞은 다음, 간을 맞춘다.
::::: 항아리에 차곡차곡 담아 찬 곳에 둔다.

미 나 리 김 치

미나리는 산나물〔山菜〕들이 푸르러지기 전인 4월에서 5월 사이가 성수기다. 보통 무 · 배추와 섞어 김치를 담그지만, 미나리만으로 담그기도 한다. 미나리밭이 많은 남도 지방이나 자연산 산미나리를 채취하는 사찰 등에서 주로 미나리김치를 담가왔다.

재 료

- 미나리 3kg: 줄기가 굵고 부드러운 것을 골라 깨끗이 다듬는다. 5-6cm 길이로 썰어 소금 한 줌을 뿌려 섞어둔다.
- 무 0.5kg: 단단한 무를 다듬고 씻어 5-6cm 길이로 조금 굵게 채 썬다. 미나리와 함께 숨을 죽인다.
- 마늘 2/3컵(2/3cup): 곱게 채 썰거나, 생강 · 고추와 함께 곱게 간다.
- 생강 1/3컵(1/3cup): 곱게 채 썬다.
- 고추 1컵(1cup): 붉은 고추를 어슷 썬다.
- 쌀가루풀 1컵(1cup)
- 대파 1컵(1cup): 4-5cm 길이로 어슷 썬다
- 소금: 천일염.

담 그 는 법

:::: 넓은 그릇에 미나리 · 무를 건져 담는다. 소금물은 받아둔다.

:::: 마늘 · 생강 · 고추를 미나리와 무에 뿌려 넣은 다음, 파를 넣고 잘 섞는다.

:::: 받아둔 소금물에 쌀가루풀을 풀어 위에 붓고 고루 버무린다.

:::: 항아리에 담고 국물 간을 알맞게 맞춘 다음, 뚜껑을 덮어 찬 곳에 둔다.

생두릅김치

부추젓김치

미나리김치

부 추 젓 김 치

이른 봄부터 늦가을까지 무성하게 자라는 부추(속명 Chinese Chive, 학명 Allium Schoenoprasum L.)는 식물성 단백질(Plant Protein)의 함량이 많고, 강장 · 조혈의 효능이 우수한 식물로 알려져왔다. 부추를 주재료 혹은 부재료로 사용한 김치 종류는 지역과 계절에 따라 다양한 편이다. 그중에서도 멸치젓을 듬뿍 넣고 고추 · 마늘 · 생강도 많이 넣어 짙게 담그는 '전구지(田荀漬)젓'은, 남해안 지방의 명물이며 토속젓김치 가운데서도 특색 있는 맛으로 애호된다.

재 료

- 부추 2kg: 길이가 고르고 연한 것을 골라 씻어서 소쿠리에 건진다.
- 무 1kg: 속살이 단단하고 싱싱한 무를 다듬어 씻어 두께 0.5cm, 크기 6 - 7cm로 어슷하게 썬다. 소금 한 줌을 뿌려 약 30분쯤 뒀다가 건진다.
- 쌀가루풀 1컵(1cup)
- 멸치젓 2 1/2컵(2 1/2cup): 진한 생멸치젓.
- 마늘 1/2컵(1/2cup): 곱게 다진다.
- 생강 1/3컵(1/3cup): 곱게 다진다.
- 김치용 고춧가루 2/3컵(2/3cup)
- 고운 고춧가루 1/3컵(1/3cup)
- 풋고추 1 1/2컵(1 1/2cup): 잘 익은 풋고추를 꼭지째 씻어 1작은술의 소금으로 숨 죽인다.
- 대파 1컵(1cup): 4-5cm 길이로 어슷 썬다.
- 양파 1컵(1cup): 곱게 채 썬다.
- 소금: 천일염.

담 그 는 법

:::: 넓은 그릇에 쌀가루풀 멸치젓 · 마늘 · 생강 · 고춧가루를 넣고 고루 섞어 양념을 만든다.

:::: 숨 죽인 무를 소쿠리에 건지고, 무에서 나온 소금물에 부추를 살짝 숨 죽인다.

:::: 무 · 부추 · 풋고추를 위 양념에 넣고 섞은 후, 파 · 양파를 넣어 고루 버무린다.

:::: 항아리에 다져 담고, 무에서 나온 소금물로 양념 그릇을 헹궈 위에 붓는다.

:::: 눌림을 올리고 뚜껑을 덮어 익힌다.

통 배 추 봄 김 치

봄에 새로 담그는 김치가 아니다. 김장을 마친 늦가을, 짠지류와 함께 별도로 봄에 먹을 김장을 담그는데 이를 땅속에 보관한 전통 묵은김치를 말한다. '통배추봄김치' 혹은 '묵은김치'는 재료 배추의 종류가 다르다. 겨울 김장용 배추(Brassica Chinensis)는 통이 굵고 길이가 짧은데, 묵은 김치용·배추(Brassica Pekinensis)는 몸체가 길고 질긴 섬유질인 데다, 잎이 푸르고 줄기가 얇으면서 길다.

재 료

- 배추 3kg: 줄기가 길고 몸체는 짧으며 섬유질이 강한 푸른 배추를 준비한다. 뿌리를 자르고 길이로 두 쪽을 내, 하루 전날 소금물(농도 3%)에 절여둔다.
- 쪽파 0.5kg: 뿌리를 자르고 통째 다듬어 씻어, 1작은술의 소금을 뿌려둔다.
- 갓 0.3kg: 뿌리째 다듬어 씻어 1작은술의 소금을 뿌려둔다.
- 멸치생젓 2컵(2cup): 멸치살은 곱게 다진다.
- 액젓 1컵(1cup): 곱게 다진다.
- 마늘 1컵(1cup): 곱게 다진다.
- 다진 생강 1/3컵(1/3cup)
- 김치용 고춧가루 1/2컵(1/2cup)
- 고운 고춧가루 1/3컵(1/3cup)
- 소금: 천일염.

담 그 는 법

:::: 절인 배추와 갓을 찬물에 씻어 건져 물기를 뺀다.

:::: 넓은 그릇에 멸치생젓 · 액젓 · 고춧가루 · 마늘 · 생강을 넣고 섞어 양념을 만든다. 간을 알맞게 맞춘다.

:::: 위 양념에 배추를 한 쪽씩 넣어 버무리며, 배추 속에 쪽파와 갓 한두 쪽씩을 넣는다. 배추를 아래위로 반을 접은 다음, 겉잎으로 싸매 둥근 꾸러미를 만든다.

:::: 항아리에 담고, 남은 쪽파 · 갓으로 양념 그릇을 닦아 위에 넣는다.

:::: 배춧잎 우거지를 덮고 눌림을 올린다. 뚜껑을 덮어 냉장하거나 땅속에 묻는다.

쪽 파 젓 김 치

꽃들이 한창인 봄부터 김장철까지 풍성하게 자라는 토종쪽파(속명 Stone-leek, 학명 Allium Fistulosum)는 우리 식단에서 빠뜨릴 수 없는 소재다. 진한 젓갈에 버무린 소박한 감칠맛의 쪽파젓김치는 부추나 또 다른 파 종류 절임과는 다른 맛으로 선호돼왔다. 예부터 점잖은 상에는 안 차리는 것으로 알아왔으며, 농주(農酒)와 농무(農舞)가 있는 한마당에 어울리는 시골풍의 서민김치다.

재 료

- 쪽파 3kg: 싱싱한 쪽파의 뿌리를 자르고 다듬어 씻는다. 소금물(농도 3%)에 적셔 건진다.
- 쌀가루풀 1컵(1cup): 죽보다 된 것.
- 멸치생젓 2컵(2cup): 곱게 다진다.
- 마늘 2/3컵(2/3cup): 곱게 다진다.
- 생강 1/3컵(1/3cup)
- 김치용 고춧가루 1/2컵(1/2cup)
- 고운 고춧가루 1/3컵(1/3cup)
- 양파 1컵(1cup): 곱게 채 썬다.
- 붉은 고추 1/2컵(1/2cup): 꼭지를 따고 3-4cm 길이로 어슷 썬다.
- 소금: 천일염.

담 그 는 법

:::: 넓은 그릇에 쌀가루풀 · 멸치생젓 · 마늘 · 생강 · 고춧가루를 넣고 고루 섞는다.

:::: 위 양념에 숨 죽인 쪽파를 넣고 고루 버무린 다음, 양파, 붉은 고추를 뿌려 넣고 섞는다.

:::: 항아리에 담고 눌림을 올린 다음, 뚜껑을 닫아 익힌다.

홍 어 섞 박 지

홍어는 지방질이 적고 단단하며, 씹을 수 있는 연한 잔뼈들의 조직으로 돼 있는 것이 특징이다. 홍어섞박지는 신선한 홍어살을 먹기 알맞은 크기로 썰어서 식초, 또는 조리용 술 등에 담가 살과 뼈를 굳힌 다음 갖은 양념으로 담그는 이색김치다.

재 료

- 홍어 3kg: 껍질 벗긴 홍어살을 깨끗이 손보아 넓이 2cm, 길이 4-5cm로 썬다.
- 무 1kg: 4-5cm 길이, 중간 굵기로 채 썬다.
- 식초 2컵(2cup): 색깔 없는 증류 식초, 혹은 조리용 술.
- 설탕 1컵(1cup)
- 김치용 고춧가루 1/3컵(1/3cup)
- 고운 고춧가루 1컵(1cup)
- 맑은 액젓 1/2컵(1/2cup)
- 마늘 1컵(1cup): 곱게 채 썬다.
- 생강 3/4컵(3/4cup): 곱게 채 썬다.
- 미나리 2컵(2cup): 4-5cm 길이로 썬다.
- 실파 2컵(2cup): 미나리와 같은 길이로 썬다.
- 밤 1/2컵(1/2cup): 얇고 납작납작하게 썬다.
- 실고추 1/2컵(1/2cup)
- 소금: 천일염.

담 그 는 법

:::: 넓은 그릇에 썰어놓은 홍어살을 담고, 식초 또는 술을 붓는다. 넓적한 그릇으로 가볍게 누른 다음 하룻밤 그대로 둔다. 다음 날 소쿠리에 건져 물기를 뺀다.

:::: 한 줌의 소금으로 무의 숨을 죽여 물기를 뺀다.

:::: 넓은 그릇에 꼬들꼬들하게 굳은 홍어살, 무·고춧가루를 넣고 잘 섞은 다음, 액젓·마늘·생강·설탕을 넣고 버무린다.

:::: 위 양념에 미나리·파·밤·실고추 등을 넣고 섞어 항아리에 담는다.

:::: 눌림을 올리고 뚜껑을 덮어 찬 곳에서 익힌다.

홍어섞박지

쪽파젓김치

우엉김치

우엉김치

우 엉 김 치

우엉은 자연산 다년생(perennial) 식물(속명 Burdock, 학명 Aretium Lappa)로서, 우리나라 남쪽 지방에서 많이 자란다. 강한 식물성섬유와 독특한 향미를 지닌 고급 채소류다. 우엉을 절임해서 저장한 것은 산간 사찰에서 유래됐다. 본래는 잎사귀만을 따서 자반 나물로 먹어왔으나, 점차 그 뿌리를 먹게 된 것이다.

재 료

- 우엉 3kg: 싱싱한 우엉뿌리의 껍질을 긁고 깨끗이 씻어, 소금물(농도 2%)에 담가 1-2 시간 눌러둔다.
- 무 0.5kg: 속이 연한 무를 다듬어 씻어 곱게 채 썬다. 1작은술의 소금을 뿌려 섞어둔다.
- 쌀가루풀 1컵(1cup)
- 마늘 2/3컵(2/3cup): 곱게 채 썬다.
- 생강 1/3컵(1/3cup): 곱게 채 썬다.
- 붉은 고추 1컵(1cup): 꼭지를 따고 3-4cm 길이로 어슷 썬다.
- 설탕 1/2컵(1/2cup)
- 대파 2컵(2cup): 3-4cm 길이로 어슷 썬다.
- 실고추 1/2컵(1/2cup)
- 소금: 천일염.

담 그 는 법

:::: 우엉을 건져 6-7cm 길이로 자른 다음, 납작하고 얇게 썰어 다시 같은 소금물에 담근다.

:::: 넓은 그릇에 쌀가루풀 · 마늘 · 생강 · 설탕을 넣어 섞고, 소쿠리에 건져 물기를 뺀 우엉을 양념에 넣어 고루 버무린다. 숨 죽인 무를 가볍게 짜서 물기를 뺀 다음, 파 · 고추 · 실고추를 뿌려 섞고 간을 맞춘다. 간은 액젓 · 간장 등으로 맞춘다.

:::: 항아리에 다져 담고, 숨 죽인 우엉잎을 우거지로 덮는다.

:::: 눌림을 올리고 뚜껑을 덮어 찬 곳에서 익힌다.

죽 순 절 임

남쪽 지방 특산 절임류 중 하나다. 대나뭇잎에 방부살균력(防腐殺菌力)[2]이 있는 것으로 믿어온 동양에는, 대나뭇잎에 밥이나 콩 삶은 것을 꾸려두거나 싸 감아서 저장하는 템페(Tempe, Indonesian's), 다케바즈시(竹葉壽司, だけばずし), 사사바즈시(笠葉壽司, ささばずし) 같은 음식물이 많이 있는 것으로 알려져 있다.

재 료

• 죽순 3kg: 봄철 비 내린 후에 돋아난 어린 죽순을 캐내, 껍질을 겹겹이 잘 벗긴다. 소금물(농도 3%)에 1시간 반쯤 담그고, 소금물은 받아둔다.

• 간장 1리터(1L): 색이 연한 간장이나 집에서 담근 국간장.

• 소금: 천일염.

• 대나뭇잎: 끓는 소금물에 살짝 넣었다가 건진다.

담 그 는 법

:::: 죽순을 건져 소쿠리에 담는다. 받아둔 소금물을 끓여 죽순을 살짝 데쳐낸다.

:::: 항아리에 죽순을 꼭꼭 채워 넣고, 같은 소금물을 다시 한 번 끓여 붓는다.(이렇게 소금물로만 절이는 죽순은, 대부분 다른 요리의 재료로 쓰이도록 보존한다.)

:::: 다른 방법으로, 소금물 대신 간장을 끓여 죽순 위에 붓고, 끓인 소금물에 적셔낸 대나뭇잎들을 위에 덮는다. 눌림을 올리고 뚜껑을 덮어 찬 곳에 보관한다. 또 간장에 생강쪽 1/2컵을 넣고 끓여 죽순 위에 부어 만드는 경우도 있다. 마른 붉은 고추 1/2컵을 죽순 위에 올려놓은 다음, 대나뭇잎을 덮어 눌러둔다.

[2]대나무제(竹制家具, 付器類) 물품들이 벌레 먹지 않는 것으로 보아, 대나무나 대나뭇잎에는 방부력이 있다는 설과, 죽순과 송이(松珥)는 절대 청정(무공해, 무균) 지대에서만 움(芽)이 트고 싹이 나기 때문에, 항(抗) 또는 방(防) 부패 작용을 한다는 설이 있다. 그러나 이 또한 인삼의 신비처럼 완전히 규명된 것은 아니다.

죽순절임

3 여름김치

열무김치

열 무 김 치

　연하고 부드러운 열무는 원래 여름 한 철의 특산물이었다. 지금은 온실재배나 수경(水耕)재배로 사철 공급되는데, 열무로 담근 김치는 본디 우리나라 여름김치의 상징이다.

재 료
- 열무 2kg: 연하고 부드러운 열무를 골라 깨끗이 다듬는다. 7-8cm 길이로 썰어 소금물 (농도 3%)에 1-2시간 절인다. 소금물은 버리지 않고 국물로 쓴다.
- 마늘 1컵(1cup): 곱게 채 썬다.
- 생강 1/3컵(1/3cup): 곱게 채 썬다.
- 붉은 고추 1/2컵(1/2cup): 4-5cm로 어슷 썬다. 붉은 피망 혹은 풋고추를 써도 된다.
- 쌀가루풀 1컵(1cup)
- 대파 2컵(2cup): 4-5cm 길이로 어슷 썬다
- 소금: 천일염

담 그 는　법
:::: 절인 열무를 소쿠리에 건진다. 소금물은 받아둔다.
:::: 넓은 그릇에 마늘 · 생강 · 고추 · 쌀가루풀을 넣고 열무 절인 소금물을 1-2컵 섞어 묽은 양념을 만든다.
:::: 위 양념에 열무와 파를 넣고 고루 섞어 항아리에 담는다.
:::: 열무 절인 물로 양념 그릇을 살짝 헹궈 붓고, 김치 간과 국물 양을 맞춘다.
:::: 뚜껑을 덮어 찬 곳에 둔다.

수삼나박김치

수 삼 나 박 김 치

8월 하순에서 9월 초, 김장할 무·배추의 파종을 마치면 곧바로 햇인삼을 뽑는 '인삼의 계절'이 된다. 수삼나박김치는 이 무렵 싱싱한 햇수삼(말리지 않은 생삼)을 골라 담그는 진상품[3] 나박김치다.

재 료

- 수삼 1kg: 싱싱한 수삼을 깨끗이 씻어 길이로 쪼갠 다음 3-4cm 크기로 썬다.
- 무 1kg: 속이 연하고 단단한 무를 깨끗이 씻어 2-3cm 정도의 납작한 네모로 썬다.
- 오이 0.5kg: 갸름하고 씨 없는 오이를 골라 깨끗이 씻은 다음, 껍질째 무와 같은 크기로 썬다.
- 당근 1컵(1cup): 껍질을 벗기고 씻어, 무·오이와 같은 크기로 썬다.
- 대파 1/2컵(1/2cup): 2-3cm 길이로 곱게 채 썬다.
- 생강 1/3컵(1/3cup): 곱게 채 썬다.
- 소금 1/2컵(1/2cup): 천일염.
- 물 1.5리터(1.5L)
- 잣·밤 등을 채 썰어 넣기도 한다.
- 설탕·식초는 입맛에 따라 선택한다.

담 그 는 법

:::: 넓은 그릇에 수삼·무·오이·당근을 넣고, 한 줌의 소금을 뿌려 섞어 1-2시간쯤 놔둔다.

:::: 생강·파를 고루 뿌려 넣고, 설탕·식초를 넣어 섞는다.

:::: 물을 붓고 간을 맞춘 다음, 항아리에 담고 뚜껑을 덮어 냉장한다.

[3] '진상품(進上品)' 또는 '진상물(進上物)'은 임금님께 바치는 물품이라는 뜻에서 유래됐다. 존귀하고 진귀한 물품이라는 뜻이며, 통상적인 것이 아니라는 형용으로 비유된다.

오 이 소 박 이

아삭아삭하고 신선한 맛의 오이김치로, 소박이 중 으뜸이다. 담글 때 손이 많이 가지만 그만큼 맛있고 모양새가 좋아 널리 선호된다. 오이가 풍성한 여름 한 철의 계절김치였으나, 지금은 어느 계절이나 담글 수 있는 사철김치가 됐다.

재 료

- 오이 3kg: 싱싱한 소박이용 오이를 골라 꼭지와 꼬리를 따내고 깨끗이 씻는다. 길이로 중간 부분에 3-4개의 칼집을 내어 양념 소 넣을 자리를 만든다. 오이가 완전히 쪼개지지 않도록 적당히 칼집을 넣는다. 한 줌의 소금으로 숨을 죽인다.
- 무 1kg: 단단한 무를 골라 씻어 곱게 채 썬 다음, 소금으로 숨을 죽인다. 소금물은 받아둔다.
- 마늘 1컵(1cup): 곱게 채 썬다.
- 생강 1/3컵(1/3cup): 곱게 채 썬다.
- 새우젓 1컵(1cup): 곱게 다진다.
- 쌀가루풀 1컵(1cup)
- 고운 고춧가루 1/3컵(1/3cup)
- 김치용 고춧가루 1/3컵(1/3cup)
- 대파 1컵(1cup): 곱게 채 썬다. 녹색 잎 부분은 소금에 숨을 죽인다.
- 양파 1/2컵(1/2cup): 곱게 채 썬다.
- 실고추 1/4컵(1/4cup)
- 소금: 천일염.

담 그 는 법

:::: 숨 죽은 무를 가볍게 짜서 건진다.

:::: 넓은 그릇에 마늘 · 생강 · 새우젓 · 쌀가루풀 · 고춧가루를 넣고 섞은 다음, 파 · 양파 · 실고추를 뿌려 섞고 간을 맞추어 양념 소를 만든다.

:::: 숨 죽인 오이 속에 1큰술 정도의 양념 소를 채워 넣는다.

:::: 항아리에 차곡차곡 담고, 배춧잎이나 파줄기 등으로 위를 덮는다.

:::: 받아둔 소금물로 양념 그릇을 살짝 헹궈 위에 붓고, 1작은술의 소금을 고루 뿌린다.

:::: 눌림을 올리고 뚜껑을 덮어 찬 곳에 둔다.

토 마 토 소 박 이

붉은색으로 익기 전의 푸른 토마토에 김치 양념소를 넣어 소박이로 담근 이색김치다. 토마토소박이는 고급 샐러드김치로서도 훌륭한 풍모와 맛을 즐길 수 있으며, 양념 배합에 따라 간식 채소나 애피타이저로도 활용된다.

재 료

- 토마토 2kg: 중간 크기로 단단하고 푸른 토마토를 준비해 깨끗이 씻는다. 위에서 아래로 약 2/3 깊이까지 십자형 칼집을 넣어, 양념 소 넣을 자리를 마련한다. 꼭지 쪽 잎은 따내지 말고 붙은 채 둔다.
- 무 0.5kg: 속이 연한 무를 다듬어 씻어 곱게 채 썬다.
- 당근 1컵(1cup): 단단한 것으로 골라, 다듬고 씻어 곱게 채 썬다.
- 쌀가루풀 1컵(1cup)
- 맑은 액젓 1/2컵(1/2cup)
- 마늘 2/3컵(2/3cup): 곱게 채 썬다.
- 생강 1/3컵(1/3cup): 곱게 채 썬다.
- 대파 1컵(1cup): 3-4cm 길이로 곱게 채 썬다.
- 양파 1컵(1cup): 곱게 채 썬다.
- 밤 1/2컵(1/2cup): 곱게 채 썬다.
- 고운 고춧가루 1/2컵(1/2cup)
- 실고추 1/3컵(1/3cup)
- 소금: 천일염.
- 설탕 1/2컵(1/2cup)

담 그 는 법

:::: 무·당근을 함께 담아 한 줌의 소금으로 숨 죽인 다음, 가볍게 짜서 그릇에 담는다. 소금물은 받아둔다.
:::: 넓은 그릇에 쌀가루풀·액젓·마늘·생강·고춧가루·설탕을 넣고 고루 섞는다. 당근·무·파·양파·밤·실고추를 넣고 고루 버무린 다음, 간을 맞춘다.
:::: 토마토에 양념소를 1-2작은술씩 채워 넣는다. 소 넣은 쪽을 위로 가게 해서 살살 쥐고 항아리에 담는다.
:::: 우거지로 양념 그릇을 닦아 위에 덮고, 받아둔 소금물로 양념 그릇을 헹궈 붓는다.
:::: 눌림을 올리고 뚜껑을 덮어 냉장한다.

토마토소박이

오이소박이

284

가지소박이

가 지 소 박 이

우리 토종가지는 갸름하며 예쁜 생김새를 지녔다. 속 섬유조직은 연하면서도 쫀득쫀득한 탄력이 있어 절임용으로 아주 우수하다. 가지소박이는 오이의 아삭아삭함(Crunchness)과는 또 다른, 질깃하게 씹히는(Chewy) 가지 특유의 맛에 갖은 양념 맛이 배어든 명물김치다.

재 료

- 가지 3kg: 비슷한 길이의 갸름한 생가지를 골라, 긴 꼭지만 자르고 잎은 붙인 채 씻는다. 길이로 중간 부분에 3-4개의 칼집을 낸 다음 한 줌의 소금으로 숨을 죽인다.
- 무 1kg: 단단한 무를 골라 씻어 곱게 채 썬 다음, 소금으로 숨을 죽인다. 소금물은 받아둔다.
- 대파 2컵(2cup): 곱게 채 썬다. 잎사귀 부분은 소금에 숨을 죽여둔다.
- 양파 1컵(1cup): 곱게 채 썬다.
- 당근 1/2컵(1/2cup): 곱게 채 썬다.
- 새우젓 1컵(1cup): 곱게 다진다. 혹은 맑은 액젓을 쓴다.
- 쌀가루풀 1컵(1cup)
- 마늘 1컵(1cup): 곱게 채 썬다.
- 생강 1/3컵(1/3cup): 곱게 채 썬다.
- 고운 고춧가루 3/4컵(3/4cup)
- 실고추 1/4컵(1/4cup)
- 소금: 천일염.

담 그 는 법

:::: 넓은 그릇에 쌀가루풀 새우젓·마늘·생강·고춧가루를 넣고 고루 섞는다.
:::: 무·당근·양파·파를 넣어 버무리고, 실고추를 뿌린 후 간을 맞춰 양념소를 만든다.
:::: 가지 하나에 양념 소 1큰술씩을 넣은 다음, 살짝 오므려 쥐고 항아리에 차곡차곡 쌓는다.
:::: 숨 죽인 파줄기를 우거지로 덮고, 받아둔 소금물로 양념 그릇을 살짝 헹궈 붓는다.
:::: 1작은술의 소금을 뿌려준다. 눌림을 올리고 뚜껑을 덮어 찬 곳에 둔다.

풋 감 김 치

감나무에 둘러싸인 남쪽 지방, 산촌마을의 이색 절임이다. 옛날 깊은 산사의 소년 수도승(少年修道僧)들에게 공양된 일종의 간식으로, 사찰식에서 전래됐다. 뜨거운 여름을 거치면서 떫고 딱딱해진 풋감을 따 모아, 소금물에 백반(白礬, Alum)[4]을 넣고 절이는 김치다. 대 이파리(竹葉, Bamboo Blade)로 마개를 하고 볏짚(Rice Straw)으로 청시지(靑枾漬) 항아리를 둘러 싸매, 그늘진 땅속에 묻어 삭힌다.

재 료

- 풋감 3kg: 딴딴하게 여문 푸른 풋감을, 꼭지째 열은 소금물에 씻어 물기를 닦는다.
- 소금 2/3컵(2/3cup): 천일염.
- 끓는 물 3리터(3L)
- 계피쪽 30 – 40g: Cinnamon Stick 또는 Cassia Bark라고도 하는 계피나무의 편(片).
- 탱자 3-4개: 속명 Hardy Orange, 통칭 Lime, 학명 Citrus Trifoliate.
- 백반 1작은술(1ts)
- 대 이파리: 신선한 대나무 잎사귀를 우거지 대신으로 쓴다.

담 그 는 법

:::: 풋감들을 꼭지 쪽이 위로 오게 해서 마른 항아리에 담는다. 두 쪽으로 쪼갠 탱자, 계피쪽 · 백반을 감 위에 뿌려 넣는다.

:::: 감 씻은 소금물에 대 이파리를 헹궈 물기를 털어낸 다음, 계피 · 탱자 등이 안 보이게 잘 덮는다.

:::: 눌림을 올리고, 소금을 넣어 끓인 물을 가만히 붓는다. 감을 덮은 대 이파리까지 잠기게 한다.

:::: 뚜껑을 덮어 시원한 곳에 보관한다. 볏짚으로 항아리를 감싸 땅속에 묻어두면 한겨울 진미로 귀한 과일 간식이 된다.

[4] 백반의 보색력(保色力)과 고미제거(苦味除去) 성분.

양 배 추 막 김 치

무와 배추를 함께 썰어 넣어 담그는 막김치에서, 주재료를 양배추와 오이로 바꾼 색
다른 맛의 김치다.

재 료

- 양배추 2-3통(3kg): 중간 크기. 다듬고 씻어 가로 3cm, 세로 5cm 크기로 썬다. 한 줌의 소금을 뿌려
  2-3시간 절인다. 이때 겉잎 4-5장은 썰지 말고 통잎으로 절여둔다.
- 오이 1kg: 단단하고 가는 오이를 4 - 5cm 길이로 잘라 네 쪽으로 쪼갠 다음, 양배추와 같이 절인다.
- 쌀가루죽 1컵(1cup)
- 맑은 액젓 1컵(1cup): 혹은 생젓.
- 마늘 1컵(1cup): 곱게 다진다.
- 생강 1/2컵(1/2cup): 곱게 다진다.
- 설탕 1/2컵(1/2cup)
- 김치용 고춧가루 1컵(1cup)
- 무 2컵(2cup): 곱게 채 썬다.
- 당근 1컵(1cup): 곱게 채 썬다.
- 실고추 1/2컵(1/2cup)
- 대파 2컵(2cup): 어슷 썬다.
- 소금: 천일염.

담 그 는 법

:::: 절인 양배추와 오이를 찬물에 가볍게 헹군 다음, 소쿠리에 건져 물기를 뺀다.

:::: 넓은 그릇에 쌀가루풀 액젓 · 마늘 · 생강 · 설탕 · 고춧가루를 넣고 섞은 다음, 무 · 당근 · 파 · 양배추 ·
오이를 넣고 고루 버무리면서 실고추를 섞는다.

:::: 항아리에 담고, 따로 절여두었던 양배추 겉잎 4-5장을 위에 덮는다.

:::: 눌림을 올리고 뚜껑을 덮어 찬 곳에 둔다.

풋배추김치

푸르고 연한 풋배추로 담근 김치는, 늦은 봄부터 이른 여름의 우리 식탁에 빠뜨릴 수 없는 구색음식이다. 신선하고 깨끗한 이 김치의 맛은, 겨울 동안의 짙었던 입맛에 참신한 청량제 역할을 한다.

재료

- 풋배추 3kg: 싱싱하고 연한 풋배추를 골라 깨끗이 다듬는다. 7-8cm 길이로 잘라 한 줌의 소금으로 1-2 시간쯤 숨을 죽인다.
- 대파 2컵(2cup): 배추와 같은 길이로 어슷 썬다.
- 마늘 1컵(1cup): 곱게 채 썬다.
- 생강 1/2컵(/1/2cup): 곱게 채 썬다.
- 액젓 1컵(1cup): 생젓을 사용할 수도 있다.
- 김치용 고춧가루 1/2컵(1/2cup)
- 고운 고춧가루 1/2컵(1/2cup)
- 실고추 1/4컵(1/4cup)
- 소금: 천일염.

담그는 법

:::: 숨 죽인 배추를 소쿠리에 건진다. 소금물은 버리지 않고 받아둔다.

:::: 넓은 그릇에 고춧가루 · 마늘 · 생강 · 액젓을 넣고 고루 섞어 양념을 만든다.

:::: 위 양념에 먼저 배추를 버무린 다음, 파 · 실고추를 뿌려 섞는다. 받아둔 소금물로 양념 그릇을 살짝 헹궈 붓고, 간을 알맞게 맞춘다.

:::: 항아리에 담고 눌림을 올린 다음, 뚜껑을 덮어 찬 곳에 둔다.

풋감김치
풋배추김치
양배추막김치

근대김치

깻잎김치

깻잎김치

연하고 깨끗한 어린 깻잎을 모아 열무 김치 양념으로 담근다. 한여름의 풍미인 깻잎 김치가 지금은 사철김치로, 어디서나 담글 수 있게 됐다.

재 료

- 깻잎 3kg: 연하고 어린 깻잎을 골라 깨끗이 씻는다. 10-12장씩 흰 무명실로 묶어 작은 다발을 만든 다음, 소금물(농도 3%)에 헹궈서 건진다.
- 쌀가루풀 1컵(1cup)
- 맑은 액젓 1/2컵(1/2cup)
- 대파 2컵(2cup): 3-4cm 길이로 어슷 썬다.
- 마늘 1컵(1cup): 곱게 채 썬다.
- 생강 1/3컵(1/3cup): 곱게 채 썬다.
- 김치용 고춧가루 1/2컵(1/2cup)
- 실고추 1/3컵(1/3cup)
- 물 2리터(2L)
- 소금: 천일염.

담 그 는 법

:::: 넓은 그릇에 쌀가루풀 액젓·마늘·생강·고춧가루를 넣고 고루 섞는다. 파·실고추를 뿌려 넣고 4-5컵의 물을 부은 다음, 소금으로 간을 맞춰 다시 섞는다.

:::: 위 양념에 깻잎 묶음을 하나씩 적셔, 항아리에 차곡차곡 눕혀 담는다.

:::: 눌림을 올리고, 소금물로 양념 그릇을 살짝 헹궈 위에 붓는다. 간을 맞추고 찬 곳에 둔다. 깻잎김치의 국물은, 물을 끓여서 뜨거울 때 부은 다음 그대로 식혀도 된다.

근 대 김 치

근대(Swiss Chard)는 늦은 봄부터 여름가을이 되기까지 무성히 자란다. 국·나물·무침·밥쌈 등으로 다양하게 조리돼, 풍성한 섬유질과 부드러운 맛을 즐기게 하는 친숙한 채소다. 근대쩜·근대회·근대자반·근대김치는 일반 가정식으로보다는 사찰 식단으로 개발돼 전해왔다. 실제 도시나 농촌의 일반 가정에서는 자주 먹지 않는 근대 요리들이 사찰에서는 거의 일상적으로 공양된다고 한다.

재 료

- 근대 3kg: 싱싱한 근대를 다듬어 씻어, 옅은 소금물(농도 2%)에 담가 1시간쯤 가볍게 눌러둔다.
- 무 1kg: 속살이 단단하고 싱싱한 무를 다듬어 씻어 곱게 채 썬다.
- 마늘 3/4컵(3/4cup): 곱게 채 썬다.
- 생강 1/4컵(1/4cup): 곱게 채 썬다.
- 쌀가루풀 1컵(1cup)
- 맑은 액젓 1컵(1cup)
- 고운 고춧가루 1/3컵(1/3cup)
- 김치용 고춧가루 2/3컵(2/3cup)
- 대파 2컵(2cup): 4-5cm 길이로 어슷 썬다.
- 설탕 1/3컵(1/3cup)
- 실고추 1/4컵(1/4cup)
- 소금: 천일염

담 그 는 법

:::: 숨 죽인 근대를 소쿠리에 건지고, 무에 1작은술의 소금을 뿌려 숨 죽인다.
:::: 넓은 그릇에 쌀가루풀·액젓·마늘·생강·고춧가루·설탕을 넣어 잘 섞는다.
:::: 위 양념에 근대·무를 넣고 파·실고추를 뿌려 버무린 다음 간을 맞춘다.
:::: 항아리에 다져 넣은 다음, 눌림을 올리고 뚜껑을 덮어 찬 곳에 둔다.

오 이 나 박 김 치

상차림에서 본래의 나박김치가 빠졌을 때 대신 담그는 즉석김치이기도 하다. 맛은 새
콤달콤하다. 오래 보관할 수는 없으나, 신선한 맛 때문에 많이 애호된다.

재 료

- 오이 2kg: 살이 연하고 가는 오이를 골라 깨끗이 씻는다. 납작하게 썰어 한 줌의 소금으로 숨을 죽인다.
- 무 1kg: 싱싱한 무를 다듬어 4-5cm 길이로 곱게 채 썬다. 오이와 함께 숨을 죽인다.
- 대파 1컵(1cup): 3-4cm 길이로 얇고 어슷하게 썬다.
- 마늘 1/2컵(1/2cup): 곱게 채 썬다.
- 생강 1/3컵(1/3cup): 곱게 채 썬다.
- 고추 1컵(1cup): 붉은 고추의 꼭지와 씨를 따버리고 3-4cm 길이로 얇고 어슷하게 썬다. 붉은 피망을 대
  신 써도 된다.
- 소금: 천일염.

담 그 는   법

:::: 넓은 그릇에 오이와 무를 건져 담고, 고추 · 마늘 · 생강을 넣어 섞는다.

:::: 오이와 무를 숨 죽인 소금물에 1/3컵의 설탕을 넣고 간을 맞춘 다음, 위에 붓는다.

:::: 찬물과 얼음으로 국물을 더하고 간을 맞춘 다음, 찬 곳에 둔다.

오 이 깍 두 기

오이소박이, 오이짠지와 함께 오이 절임의 한 방법이다. 오이깍두기는 즉석에서 먹을 수 있는 오이무침처럼, 싱싱한 생오이 향을 즐길 수 있다. 장만하기 쉽고 편리해 누구에게 나 친숙해질 수 있는 김치다.

재 료

- 오이 3kg: 신선하고 속살이 단단하며 씨가 없는 갸름한 모양의 것을 골라 깨끗이 씻는다. 한 줌의 소금으로 문질러 숨을 죽여둔다.
- 당근 2컵(2cup): 다듬어 씻어 곱게 채 썬다.
- 대파 3컵(3cup): 3-4cm 길이로 어슷 썬다.
- 무 1/2컵(1/2cup): 속살이 단단한 무를 골라 씻어 곱게 채 썬다.
- 쌀가루풀 1컵(1cup)
- 생젓 1컵(1cup): 새우젓 혹은 멸치젓을 곱게 다진다.
- 마늘 2/3컵(2/3cup): 곱게 채 썬다.
- 생강 1/3컵(1/3cup): 곱게 채 썬다.
- 설탕 1/3컵(1/3cup)
- 김치용 고춧가루 2/3컵(2/3cup)
- 소금: 천일염.

담 그 는 법

:::: 부드럽게 숨 죽인 오이의 양끝을 잘라내고, 길이로 네 쪽을 쪼개 3-4cm 토막을 낸다.
:::: 토막 낸 오이에 한 줌의 소금을 뿌려 살짝 주물렀다가 30분쯤 절여 건진다. 소금물은 받아둔다.
:::: 넓은 그릇에 쌀가루풀 · 생젓 · 마늘 · 생강 · 고춧가루 · 설탕을 넣어 고루 섞는다.
:::: 오이 · 무 · 당근을 함께 숨 죽인 후 건진다. 위 양념에 넣어 고루 버무리며 파를 섞는다.
:::: 항아리에 담아 찬 곳에 둔다.

오이깍두기

오이나박김치

오이쌈김치

오이쌈김치

오이소박이를 잘라 배춧잎으로 싼 치장김치다. 일손이 흔하고 많을 때 자상한 마음으로 담그는 작품김치로, 시간이 부족한 현대 가정에서는 쉽게 담그기 힘들어 아쉽다.

재 료

- 오이소박이 2kg: 싱싱하고 가는 오이를 골라, 오이소박이를 담가놓는다.
- 배춧잎 1kg: 튼튼한 배추를 골라, 상한 겉잎은 다듬고 가장자리 잎과 중간 속잎만 소금물(농도 3%)에 절인다.
- 실파 0.5kg: 뿌리를 자르고, 길게 두 쪽으로 쪼갠다. 배춧잎 숨 죽이는 데 넣어 가볍게 숨 죽여둔다.
- 맑은 액젓 1컵(1cup)
- 쌀가루풀 1컵(1cup)
- 소금: 천일염.

담 그 는 법

:::: 절인 배춧잎을 찬물에 헹궈 소쿠리에 건진다.

:::: 오이소박이를 양념이 안 빠져나오도록 해서 두세 토막씩 잘라 담는다.

:::: 배춧잎 한 장을 접시에 펼쳐놓고 오이소박이를 한 토막씩 싼다. 줄기 쪽으로부터 곱게 말아 실파 줄기로 감아 맨 다음, 항아리에 차곡차곡 담는다. 오이소박이를 토막 내지 않고 통으로 싸 감아서 넣은 뒤, 먹을 때 배춧잎과 함께 썰어 담아도 된다.

:::: 남은 배춧잎과 실파를 위에 덮는다. 액젓 · 쌀가루풀을 찬물에 푼 다음 소금으로 간을 맞춰, 눌림에 닿을 만큼 국물을 붓는다.

:::: 뚜껑을 닫아 찬 곳에 둔다.

연 근 절 임

집 뜨락의 작은 연못에서 캐낸 연한 햇연뿌리들을 소금·간장만으로, 혹은 양념을 해서 담그는 절임이다. 우리 식문화의 풍류이며, 멋과 맛을 지닌 진귀한 유산이다.

재 료

- 연근 3kg: 자그마하고 여린 연뿌리들을 골라 솔로 문질러 씻는다. 양쪽 끝을 잘라내고 옅은 소금물(농도 2%)에 담근다.
- 간장 1리터(1L): 색과 맛이 연한 것.
- 생강 1/2컵(1/2cup): 껍질째 얇게 썬다.
- 마늘 1컵(1cup): 깐 것.
- 마른 붉은 고추 1컵(1cup): 꼭지째 말린 것.
- 연잎 2-3장: 연꽃이 아닌 잎사귀.
- 소금: 천일염.

담 그 는 법

:::: 연뿌리를 건져서 0.5cm 두께로 썬 다음, 찬물로 깨끗이 헹궈 물기를 뺀다. 끓는 물에 1분 정도 데쳐 재빨리 소쿠리에 쏟아 찬물을 끼얹는다.

:::: 항아리에 연뿌리를 차곡차곡 채워 넣고, 소금물을 끓여 연뿌리가 잠길 만큼 붓는다. 연잎을 위에 덮고, 눌림을 올려서 뚜껑을 덮은 후 찬 곳에 보관한다. 이렇게 소금물로만 절인 것은 여러 조리의 재료로 사용된다.

:::: 또 다른 조리로는, 간장에 생강·마늘·고추를 넣고 끓여서 연근 위에 부은 다음 연잎을 덮는 것이다. 눌림을 올리고 뚜껑을 덮어 찬 곳에 둔다. 연잎은 연뿌리 데치는 물에서 살짝 숨 죽여 덮는 것이 좋다.

오이짠지

풋고추절임

풋고추절임

이른 가을 탐스럽게 영근 풋고추들은 색이 붉어지기 전에 살이 가장 단단하며, 특유의 성숙한 훈향이 있다. 이것을 절이면 고유한 특미를 지닌 음식이 된다.

재 료

- 풋고추 3kg: 꼭지가 붙은 그대로 소금물(농도 3%)에 담가 하루쯤 눌러둔다.
- 멸치생젓 5컵(5cup): 곱게 다진다.
- 액젓 2컵(2cup)
- 쌀가루풀 2컵(2cup)
- 마늘 1 1/2컵(1 1/2cup): 곱게 채 썬다.
- 생강 1컵(1cup): 곱게 채 썬다.
- 김치용 고춧가루 2컵(2cup)
- 산초열매 껍질 1/2컵(1/2cup): 산초잎〔山椒葉〕을 쓰기도 한다.
- 소금: 천일염.

담 그 는 법

:::: 숨 죽인 고추를 찬물로 헹궈 소쿠리에 건진다.
:::: 넓은 그릇에 풋고추 · 멸치생젓 · 액젓 · 쌀가루풀 · 마늘 · 생강 · 고춧가루를 넣고 잘 버무린 다음, 물기 없는 항아리에 다져 넣는다.
:::: 산초열매 껍질을 위에 뿌려 눌림을 올린 다음 찬 곳에서 익힌다.

오 이 짠 지

토종오이는 생김새가 갸름하고 살이 유연하면서도 단단해, 짠지용으로 아주 알맞다. 재래 방법으로 절인 오이짠지는 우리 토속 식문화의 물림으로 전수돼, 소박한 옛 맛을 꾸준히 유지하고 있다.

재 료

- 오이 3kg: 몸체가 갸름한 짠지용 오이를 골라, 씻지 않고 물기만 닦아 그늘에서 하루 이틀 살짝 시들게 말린다. 꼭지는 그대로 붙여둔다.
- 소금 300g: 해염.
- 끓는 물 2리터(2L)
- 마늘 1~2쪽: 껍질째 눌러 부순다.
- 마른 붉은 고추 1컵(1cup): 잘 마른 붉은 고추를 꼭지째 넣는다.
- 쌀가루풀 1컵(1cup)
- 대나뭇 잎〔竹葉〕을 덮개용으로 준비하면 좋다.

담 그 는 법

:::: 속이 잘 마른 항아리에 살짝 시든 오이를 차곡차곡 겹쳐 넣는다. 위에 마늘·통고추를 놓고 대나뭇잎을 고루 덮는다.

:::: 넓적한 접시를 올려 나중에 오이가 떠오르지 않도록 하고, 위에 눌림을 올린다.

:::: 눌림 위로 쌀가루풀을 붓고, 팔팔 끓인 소금물을 가만히 부어 찬 곳에서 삭힌다. 소금물이 눌림까지 올라와야 곰팡이가 슬지 않는다.

포 도 잎 절 임

포도덩굴이 무성히 뻗어나는 한여름부터 포도의 계절인 9월에 이르기까지 추려지는 포도잎을 소금만으로, 혹은 여러 가지 양념을 첨가해 절여두면 오래 보존되는 발효식품으로 활용도가 높다.

재 료

- 포도잎 3kg: 깨끗이 씻어 20-30장씩 흰 실로 묶어 절반으로 접는다.
- 쌀가루풀 1컵(1cup)
- 액젓 1/2컵(1/2cup)
- 굵은 고춧가루 1/2컵(1/2cup): 혹은 붉은 고추를 두 쪽으로 갈라 쓴다.
- 마늘 1/2컵(1/2cup): 얇게 저며 썬다.
- 생강 1/3컵(/1/3cup): 얇게 저며 썬다.
- 파 1컵(1cup): 큼직하게 썰거나 길이로 두 토막 낸다.
- 소금: 천일염.

담 그 는 법

:::: 포도잎 묶음(꼭지가 붙은 채로)을 항아리에 차곡차곡 눕혀 담는다.

:::: 넓은 그릇에 쌀가루풀·액젓·마늘·생강·고춧가루·파를 넣고 2컵의 찬물을 부어 양념국물을 만든 다음 포도잎 항아리에 붓고 눌림을 올린다.

:::: 양념 그릇을 살짝 헹궈 위에 붓는다. 국물은 눌림까지 올라오게 부어야 한다.

:::: 간을 맞춘 다음 찬 곳에 두거나 땅에 묻는다.

풋콩잎김치

농촌에서 하얀 콩꽃이 피기 전인 여름철에 여린 콩잎들을 따주는 것은 콩 열매가 더욱 많이 영글게 하기 위한 작업이다. 추려낸 콩잎들의 일부는 가축의 사료로, 일부는 음식 재료로 이용해 콩잎절임 등을 담가 먹었는데, 그렇게 시도돼 전해진 것이 풋콩잎김치다.

재료

- 풋콩잎 3kg: 푸르고 연한 콩잎을 골라 깨끗이 씻는다. 10-20장씩 흰 실로 묶어 작은 다발로 만든 다음, 소금물(농도 3%)에 헹궈 소쿠리에 건진다.
- 대파 2컵(2cup): 3-4cm 길이로 어슷 썬다.
- 쌀가루풀 1컵(1cup)
- 멸치생젓 1컵(1cup): 곱게 다진다.
- 마늘 3/4컵(3/4cup): 곱게 채 썬다.
- 생강 1/4컵(1/4cup): 곱게 채 썬다.
- 김치용 고춧가루 2/3컵(2/3cup)
- 실고추 1/3컵(1/3cup)
- 물 2리터(2L)
- 소금: 천일염

담그는 법

:::: 넓은 그릇에 쌀가루풀·멸치생젓·고춧가루·마늘·생강을 넣어 고루 섞고, 파·실고추를 뿌려 섞는다.

:::: 콩잎 묶음을 하나씩 위 양념에 버무린 후, 항아리에 차곡차곡 담는다.

:::: 눌림을 올리고 2-3컵의 물로 양념 그릇을 살짝 헹궈 위에 붓는다.

:::: 뚜껑을 덮어 시원한 곳에서 삭힌다.

깻잎말이김치

풋콩잎김치

포도잎절임

깻 잎 말 이 김 치

중국의 달걀말이(Egg Rolls), 중동의 포도잎말이(Stuffed Grape Leaves)가 유명한 것처럼, 한국 식단에서도 깻잎말이부침, 깻잎말이김치 같은 뛰어난 음식이 전해 내려오고 있다. 깻잎말이김치는, 깻잎(속명 Wild Sesame, Perilla Leaves, 학명 Perilla Frutescens)에 김치소를 말아 담그는 특수 미식이다.

재 료
- 깻잎 0.5kg: 중간 크기의 신선한 깻잎을 꼭지째 씻어 소쿠리에 건진다. 1작은술의 소금을 뿌려 가볍게 숨 죽인다.
- 무 2.5kg: 살이 단단하고 싱싱한 무를 다듬어 씻어 곱게 채 썬다.
- 마늘 2/3컵(2/3cup): 곱게 채 썬다.
- 생강 1/3컵(1/3cup): 곱게 채 썬다.
- 고운 고춧가루 2/3컵(2/3cup)
- 쌀가루풀 1/2컵(1/2cup)
- 맑은 액젓 1컵(1cup)
- 미나리 2컵(2cup): 줄기를 곱게 채 썬다.
- 갓 1컵(1cup): 푸른 갓을 4-5cm 길이로 썬다.
- 실파 2컵(2cup): 흰 줄기만 4-5cm 길이로 썰고, 녹색 잎 부분을 남겨둔다.
- 부추 1컵(1cup): 깨끗이 씻어 4-5cm 길이로 썬다.
- 양파 3컵(3cup): 곱게 채 썬다.
- 밤 1/2컵(1/2cup): 곱게 채 썬다.
- 실고추 1/3컵(1/3cup)
- 소금: 천일염.
- 설탕

:::: 무에 한 줌의 소금을 뿌려 숨 죽인다. 소금물은 받아둔다.

:::: 넓은 그릇에 마늘 · 생강 · 고춧가루 · 액젓 · 쌀가루풀을 넣고 섞어 양념을 만든다.

:::: 위 양념에 숨 죽인 무를 짜서 넣고, 미나리 · 갓 · 양파 · 부추 · 실파 · 밤 · 실고추를 넣어 고루 버무린 후
소금이나 액젓으로 간을 맞춘다.

:::: 숨 죽여 부드러워진 깻잎 한 장에 1작은술씩 양념을 떠 넣는다. 엄지손가락보다 조금 굵게 꼭지 쪽에서
부터 얌전하게 말아, 남겨둔 실파의 긴 잎으로 잡아맨다.

:::: 항아리에 차곡차곡 담은 다음, 남은 깻잎과 실팟잎을 위에 덮는다. 받아둔 소금물로 양념 그릇을 헹궈
붓고 눌림을 올린 후 뚜껑을 덮어 냉장한다.

총 각 무 동 치 미

'알타리무동치미'라고도 한다. 무성한 잎줄기가 달린 채 그릇에 담아진 이 김치는 소박한 서민들이 애호하는 김치 중 하나다. 시골 농가의 구수한 정취를 물씬 풍기며, 소담한 맛으로도 더욱 친숙함을 주는 토속동치미다.

재 료

- 총각무 20-25개(6kg): 크기가 고른 것으로 절여서 씻은 다음 물기를 뺀다. 얼마간의 속잎줄기를 함께 준비한다. 겉쪽의 길고 질긴 잎줄기는 우거지로 처리하고, 속의 짧고 연한 잎줄기는 무에 달린 대로 함께 다듬는다.
- 풋고추 2컵(2cup): 찬바람에 늦게 맺어 알맹이가 잘고 야무진 것으로, 햅쌀 뜨물에 소금을 넣어 삭힌다. 풋고추 삭힌 것 대신 붉은고추를 쓸 수도 있다.
- 쪽파 30뿌리: 뿌리째 다듬어 총각무절임 위에 올려 함께 숨 죽인다.
- 마늘 1컵(1cup): 납작하게 쪼갠다.
- 생강 1/2컵(1/2cup): 납작하게 쪼갠다.
- 쌀가루풀 1컵(1cup)

담 그 는 법

:::: 잎줄기로 무 몸을 감고 숨 죽인 쪽파로 하나하나 잡아매어 무꾸러미를 만든다. 이때 무와 줄기 사이에 풋고추 한두 개를 끼워 함께 잡아맨다. 크기에 따라 통무를 그냥 쓰거나 길이로 반을 갈라 쓴다. 가를 때 잎줄기를 그대로 붙여둔다.

:::: 항아리 속에 차곡차곡 넣는다.

:::: 켜켜이 마늘과 생강을 고루 뿌려 넣은 다음, 눌림을 올리고 뚜껑을 덮어 하룻밤 재운다.

:::: 다음 날 쌀가루풀에 소금물(농도 3%)을 섞어 만든 김칫국물을 가만히 붓는다.

통배추 젓김치

황석어젓 · 갈치젓 · 멸치젓 · 오징어젓 등 진한 맛의 생젓을 많이 넣고, 고추 · 마늘 · 생강도 듬뿍 넣은 별미김치로, 기후가 온난한 남도 지방의 월동용 토속김치다. 배추는 줄기가 얇고 잎이 길고 푸른 종류[5]를 고르는 것이 좋은데, 줄기가 짧고 두꺼운 종류[6]는 저장성이 떨어지기[7] 때문이다.

재 료

- 배추 4-5 포기(8kg): 몸체가 길고 잎 부분이 줄기보다 긴 것으로, 중간 크기를 고른다.
- 생젓 1kg: 멸치젓을 가장 흔히 쓴다.
- 김치용 고춧가루 1 1/2컵(1 1/2cup)
- 마늘 1컵(1cup): 곱게 다진다.
- 생강 1/2컵(1/2cup) 곱게 다진다.
- 쪽파 400g: 통으로 쓴다.

담 그 는 법

:::: 넓은 그릇에 마늘 · 생강 · 생젓 · 고춧가루 · 파를 넣어 고루 섞는다. 절여 씻어 물기 뺀 배추를 양념에 엎어 한 쪽 한 쪽 고루 버무린다. 길이로 반을 접고 겉잎으로 감싼 다음, 항아리에 차곡차곡 담는다. 배추의 잘린 부분이 위로 오게 한다.

:::: 한겨울을 지나 다음 해 봄에 먹는 김치이므로, 김치를 담은 항아리나 통을 플라스틱 포로 잘 감아서 땅속에 묻어 덮어둔다. 김치냉장고[8]에 보존할 수 있으면 가장 바람직하다.

[5]Brassica Pekinensis.

[6]Brassica Chinensis.

[7]이 종류의 배추는 당분과 탄수화물 함량이 많아 빨리 산화한다.

[8]0-40℃까지의 냉온이 변동 없이 유지된다.

가을배추겉절이

덜 여물어서 잎과 줄기가 부드럽고 연한 이른 가을 배추로 담근다. 배추의 싱싱한 맛으로 즉석에서 버무려 먹는 '계절의 풍미' 절임이다.

재 료

- 배추 3~4포기(3kg): 싱싱하고 연한 중간 크기의 가을배추. 뿌리를 조금 깊이 잘라 낱장으로 뜯어진 잎들을 소금물(농도 3%)에 적셔 숨 죽인다.
- 실파 2컵(2cup): 뿌리만 자르고 통으로 사용한다. 대파를 쓸 경우, 길이로 쪼개 배추 길이로 자른다.
- 미나리 2컵(2cup): 배추나 파와 같은 길이로 자른다.
- 부추 1컵(1cup): 반으로 자른다.
- 마늘 1컵(1cup): 곱게 채 썬다.
- 생강 1/2컵(1/2cup): 곱게 채 썬다.
- 멸치생젓 1컵(1cup): 곱게 다진다.
- 김치용 고춧가루 1/2컵(1/2cup)
- 고운 고춧가루 1/2컵(1/2cup)
- 실고추 1/3컵(1/3cup)
- 밤 2/3컵(2/3cup): 곱게 채 썬다.
- 배 1컵(1cup): 굵게 채 썬다.
- 통깨 1/4컵(1/4cup): 볶은 것.
- 설탕 1/2컵(1/2cup)
- 식초 1/3컵(1/3cup)
- 소금: 천일염.

담 그 는 법

:::: 숨 죽인 배춧잎을 찬물에 살짝 헹궈 소쿠리에 건진다. 배춧잎은 그대로 사용하거나, 길이로 찢거나 절반으로 잘라 사용한다.
:::: 넓은 그릇에 멸치생젓 마늘 · 생강 · 고춧가루 · 설탕을 넣고 고루 섞어 양념을 만든다.
:::: 배추 · 파 · 미나리 · 부추를 양념에 넣어 섞은 다음, 배 · 밤 · 통깨 · 실고추를 뿌린다. 식초를 부어 버무려서 간을 맞춘다.

섞 박 겉 절 이

어리고 연한 무 · 배추를 즉석에서 섞어 버무려 담그는 겉절이다. 가을에 두껍게 영그는 통배추가 아닌, 봄배추나 풋배추, 혹은 이른 가을의 싸리배추 등을 재료로 해왔다. 이제는 온실 · 수경 재배 채소들의 공급으로 계절을 가리지 않고 즐기는 사철김치가 됐다.

재 료

- 풋배추 2kg: 어리고 연한 배추를 뿌리만 잘라 다듬어 소금물에 살짝 숨 죽인다.
- 무 1kg: 속살이 연한 무를 깨끗이 씻어, 막김치 담글 때처럼 3-4cm의 얇은 네모로 납작하게 썬다. 1큰술의 소금을 뿌려 살짝 숨 죽인다.
- 맑은 액젓 1컵(1cup)
- 마늘 1컵(1cup): 곱게 채 썬다.
- 생강 1/2컵(1/2cup): 곱게 채 썬다.
- 김치용 고춧가루 1/2컵(1/2cup)
- 고운 고춧가루 1컵(1cup)
- 갓 1컵(1cup): 파란 갓을 다듬어 10cm 길이로 썬다.
- 미나리 2컵(2cup): 갓과 같은 길이로 썬다.
- 실파 1 1/2컵(1 1/2cup)
- 실고추 1/2컵(1/2cup)
- 멸치생젓 1컵(1cup): 곱게 다진다.
- 통깨 1/4컵(1/4cup): 볶은 것.
- 설탕 1/2컵(1/2cup)
- 식초 1/3컵(1/3cup)
- 소금: 천일염.

담 그 는 법

:::: 숨 죽인 풋배추와 무를 소쿠리에 건진다.
:::: 넓은 그릇에 액젓 · 마늘 · 생강 · 고춧가루 · 설탕을 넣어 양념을 만든다.
:::: 무 · 배추 · 갓 · 미나리 · 파를 양념에 넣어 고루 버무린 다음, 실고추 · 통깨를 뿌리고 식초를 넣어 섞는다.
:::: 간을 맞춰 그릇에 담는다.

가을배추겉절이

섞박겉절이

통배추가을김치

통 배 추 가 을 김 치

김장철이 아직 이를 무렵, 싱싱하게 자란 가을 햇배추들이 가을의 풍요를 먼저 싣고 온다. 김장 때까지 두세 번 담그는 가을김치는, 양념이 짙지 않은 순한 맛이 특징이다. 가을김치, 혹은 앞김장이라고 한다.

재 료

- 배추 3kg: 연한 가을배추로 준비해서 뿌리와 뜬 잎을 자르고 다듬는다. 길이로 두 쪽을 내 소금물에 하룻밤 절인다.
- 무 1kg: 속이 연하고 신선한 무를 다듬어 배추와 함께 하룻밤 절인다. 소금물은 받아둔다.
- 쌀가루풀 1컵(1cup)
- 액젓 1/2컵(1/2cup)
- 김치용 고춧가루 1/3컵(1/3cup)
- 고운 고춧가루 1/3컵(1/3cup)
- 마늘 1/2컵(1/2cup): 곱게 채 썬다.
- 생강 1/3컵(1/3cup): 곱게 채 썬다.
- 대파 2컵(2cup): 4-5cm 길이로 어슷 썬다.
- 밤 1/2컵(1/2cup): 곱게 채 썬다.
- 대추 1/3컵(1/3cup): 곱게 채 썬다.
- 석이버섯 1/4컵(1/4cup): 물에 불린 다음 깨끗이 씻어 물기를 짠다. 곱게 채 썬다.
- 단감 2개: 단단하고 빨간 단감의 씨를 빼고 껍질째 곱게 채 썬다.
- 배 1개: 중간 크기로 껍질을 벗겨 곱게 채 썬다.
- 설탕 1/3컵(1/3cup)
- 실고추 1/3컵(1/3cup)
- 굴 1컵(1cup): 싱싱한 굴을 소금물에 살짝 씻어 건져 곱게 다진다.

담 그 는 법

:::: 절인 배추와 무를 깨끗이 씻어 소쿠리에 건져 물기를 뺀다.
:::: 넓은 그릇에 쌀가루풀 · 액젓 · 고춧가루 · 마늘 · 생강 · 설탕 · 생굴을 넣고 고루 섞는다. 밤 · 대추 · 감 · 배 · 석이버섯 · 파 · 실고추를 뿌려 넣어 함께 섞는다.

:::: 배추 속에 길이로 서너 토막 쪼갠 무를 넣은 다음, 배춧잎 사이사이에 양념을 넣고 아래위로 반을 접는다.

:::: 겉잎으로 배추를 감싸 항아리 안에 차곡차곡 넣는다.

:::: 배춧잎 우거지로 양념 그릇을 닦아 위에 덮고, 받아둔 소금물로 양념 그릇을 헹궈 붓는다.

:::: 눌림을 올리고 뚜껑을 덮어 찬 곳에 둔다. 하루 이틀 후 김칫 국물의 간을 맞춘다.

비 늘 무 젓 김 치

풍요로운 수확의 계절 가을에 지방마다 가정마다 각양각색의 솜씨를 부려 담그는 진미김치의 하나다. 어촌 지방의 향토색이 우러나는 특색 있는 젓갈김치류다.

재 료

- 무 4-5개(4kg): 속살이 단단한 재래종 중간 크기로 고른다. 잎줄기는 다듬어서 우거지로 쓰고, 무는 소금물에 넣어 숨을 죽인다.
- 당근 1컵(1cup): 곱게 채 썬다.
- 미나리 1컵(1cup): 줄기만 3-4cm 길이로 곱게 채 썬다.
- 대파 1컵(1cup): 3-4cm 길이로 곱게 채 썬다.
- 갓 1/2컵(1/2cup): 푸른색 갓을 2-3cm 길이로 썬다.
- 멸치생젓 1컵(1cup): 곱게 다진다. 황석어젓·갈치젓·꼴뚜기·새우젓 등으로 대신할 수 있다.
- 맑은 액젓 1/2컵(1/2cup)
- 쌀가루풀 1컵(1cup): 죽보다 진한 것.
- 고운 고춧가루 1컵(1cup)
- 김치용 고춧가루 1/2컵(1/2cup)
- 실고추 1/2컵(1/2cup)
- 마늘 1컵(1cup): 곱게 채 썬다.
- 생강 1/3컵(1/3cup): 곱게 채 썬다.
- 소금: 천일염.

담 그 는 법

:::: 약 16-18시간 숨 죽인 무를 길게 두 쪽으로 쪼갠다. 잘리지 않을 만큼의 깊이로 등 쪽에 4-5개의 칼집을 비스듬히 넣는다.

:::: 넓은 그릇에 쌀가루풀 · 액젓 · 마늘 · 생강 · 고춧가루 · 파 · 미나리 · 갓을 넣고 잘 섞는다. 마지막에 실
고추를 뿌려 넣어 양념소를 만든다.

:::: 칼집을 낸 무 등 쪽에 1작은술씩의 양념소를 잘 밀어 넣는다.

:::: 무 등 쪽을 위로 가게 해서 항아리 속에 차곡차곡 담는다. 무청 우거지로 양념 그릇을 닦아 위에 덮는다.

:::: 눌림을 올리고 뚜껑을 덮어 찬 곳에서 익힌다.

총각무소박이

총각무는 원래 통째 먹기에 알맞은 크기이지만, 군데군데 칼집을 넣어 속에 양념을
채운 소박이로 담가 먹어도 좋다. 볼품이 귀엽고, 아삭아삭하게 씹히는 무 맛이 돋보인다.
일반 총각김치는 진한 젓국 맛과 매운 고추 맛이 강해, 무 자체 맛이 드러나지 않는다. 총
각김치와 양념 배합을 달리한 총각무소박이는 무 본래의 맛을 살린 독특한 김치다.

재 료

- 총각무 3kg: 살이 연하며 크기가 고른 것으로 준비한다. 연한 속잎줄기는 한두 개 붙여서 깨끗이 다듬는다.
무성한 겉잎줄기는 무와 함께 절여 우거지로 쓰고, 남은 것은 말린다.
- 쌀가루풀 1컵(1cup)
- 맑은 액젓 1/2컵(1/2cup): 혹은 곱게 다진 새우젓.
- 마늘 1/2컵(1/2cup): 곱게 다진다.
- 생강 1/3컵(1/3cup): 곱게 다진다.
- 김치용 고춧가루 1/4컵(1/4cup)
- 고운 고춧가루 1/4컵(1/4cup)
- 무 2컵(2cup): 3cm 길이로 곱게 채 썬다.
- 당근 1컵(1cup): 3cm 길이로 곱게 채 썬다. 붉은 피망으로 대신해도 된다.
- 대파 2컵(2cup): 3cm 길이로 채 썬다.
- 가는 미나리줄기 1컵(1cup): 3cm 길이로 썬다.
- 고운 실고추 1큰술(1Ts): 당근채 대신 붉은 피망채를 사용할 때는 실고추를 안 써도 된다.

담그는 법

:::: 절인 무를 찬물에 씻어 소쿠리에 건진다.

:::: 무의 꼭지에서 뿌리 쪽으로 2/3 길이 정도 되게 십자칼집을 넣는다.

:::: 넓은 그릇에 쌀가루풀·액젓·마늘·생강·고춧가루를 넣고 섞는다. 당근·대파·미나리 등을 넣어 양
   념소를 만든다.

:::: 무의 십자 칼집 낸 부분에 1작은술의 양념소를 넣고 잎줄기로 돌려 맨다.

:::: 무를 눕혀가며 항아리 안에 고르게 쌓고, 그 위에 절인 겉잎줄기를 덮는다. 1-2컵의 물로 양념 그릇을
   헹궈 위에 붓는다.

:::: 눌림을 올리고 뚜껑을 덮어 찬 곳에서 익힌다.

비늘무젓김치

총각무소박이

무채김치

백깍두기

무청젓버무리

백 깍 두 기

아삭아삭하면서 맑은, 담백한 맛의 토막무절임이다. 사계절 모두 담글 수 있지만, 주로 늦가을에서 겨울에 이르는 무의 제철에 많이 담근다. 익어야만 제 맛이 드는 다른 김치와는 달리, 신선한 맛으로 거부감 없이 먹는 순한 김치다.

재 료

- 무 7-9개(4kg): 중간 크기로 속살이 단단한 늦가을무를 준비한다. 2-3cm 정도의 도톰한 네모로 썬다.
- 소금 1컵(1cup): 천일염.
- 설탕 1/2컵(1/2cup)
- 생강 1/3컵(1/3cup): 고운 강판에 갈아서 짠다.
- 마늘 1/2컵(1/2cup): 고운 강판에 갈아서 짠다.
- 붉은 고추와 실파 묶음을 항아리 맨 위에 넣기도 한다.

담 그 는 법

:::: 토막으로 썬 무에 1컵의 소금을 뿌려 2-3시간 숨을 죽인다. 잎줄기는 잘라서 우거지로 쓰며, 무에서 나오는 소금물은 받아둔다.

:::: 넓은 그릇에 절인 무를 넣고, 마늘즙·생강즙·설탕을 넣은 다음 고루 버무린다.

:::: 항아리 속에 꼭꼭 다져가며 넣고 눌림을 올린다.

:::: 받아둔 무 국물을 위에 붓는다.

무 청 젓 버 무 리

가을무의 싱싱한 잎줄기를 갖은 양념으로 버무려 담그는, 시골 향취 그득한 토속김치다. 늦맺음으로 열린 풋고추와 쪽파, 초가을에 절여둔 가을 멸치젓 들에 진한 양념을 버무려 묻어두는 이 김치는, 이른 봄부터 여름철에 이르기까지 농촌 가정의 식탁에서 애호 받는 별미다. 좋은 영양가를 지닌 것은 물론 입맛도 구수한 저장식품이다.

재 료

- 무 잎줄기(무청) 3kg: 신선하고 연한 무 잎줄기를 절여서 헹궈둔다.
- 쪽파 1kg: 무 청 절임 위에 올려 숨죽인 다음 헹군다.
- 풋고추 0.5kg: 연한 줄기에 달린 작은 풋고추들을 잎줄기까지 함께 숨 죽여 헹군다.
- 멸치생젓 1컵(1cup): 황석어젓을 쓰기도 한다.
- 쌀가루풀 1컵(1cup)
- 김치용 고춧가루 1컵(1cup)
- 고운 고춧가루 1컵(1cup)
- 마늘 1컵(1cup): 곱게 다진다.
- 생강 1/2컵(1/2cup): 곱게 다진다.

담 그 는 법

:::: 절인 무청, 쪽파, 잎줄기에 달린 풋고추들을 한 개씩 작은 다발로 뭉쳐 쪽파나 무 잎줄기로 잡아맨다.

:::: 넓은 그릇에 쌀가루풀 · 멸치생젓 · 고춧가루 · 마늘 · 생강을 넣고 섞는다.

:::: 다발로 묶어둔 무를 위 양념에 넣고 고루 버무린다.

:::: 양념에 버무린 무를 항아리에 차곡차곡 담고, 위에 무줄기 우거지를 덮는다.

:::: 1-2컵의 물로 양념 그릇을 헹궈 위에 붓고, 1/3컵의 소금과 1큰술의 김치용 고춧가루를 뿌린다.

:::: 눌림을 올리고 뚜껑을 덮어서 땅속에 묻는다.

무 채 김 치

'무 맛이 배 맛'이라는 초가을의 싱싱한 중갈이무로 담그는 계절의 미각으로, 마침 제철인 신선한 생굴과 함께 담근다. 남자들의 상에만 놓는 특별한 미식(美食, Gourmet)으로 전해왔지만, 지금은 계절 구분이 없음은 물론, 모든 사람들의 상에 놓이는 소박한 서민김치로 민주화됐다. 맛과 모양도 다양하게 변해왔다.

재 료

• 햇무 3kg: 속살이 단단하고 싱싱한 무를 골라 깨끗이 다듬어 씻는다. 기계나 채칼을 쓰지 않고, 일반칼로 6-7cm 길이의 중간 굵기로 채를 썬다.

• 생굴 0.5kg: 신선한 생굴을 중간 크기보다 작은 것으로 골라, 1작은술의 소금을 뿌려둔다.

• 당근 0.2kg: 껍질을 벗기고 씻어 곱게 채 썬다.

• 쌀가루풀 1컵(1cup)

• 맑은 액젓 1컵(1cup)

• 마늘 2/3컵(2/3cup): 곱게 다진다.

• 생강 1/3컵(1/3cup): 곱게 다진다.

• 김치용 고춧가루 1/2컵(1/2cup)

• 고운 고춧가루 1/3컵(1/3cup)

• 설탕 1큰술(1Ts)

• 대파 2컵(2cup): 4-5cm 길이로 곱게 채 썬다.

• 실고추 1/3컵(1/3cup) • 소금: 천일염.

담 그 는 법

:::: 무와 당근을 함께 담고 한 줌의 소금을 뿌려 30분 정도 숨 죽인다. 소금물은 받아둔다.

:::: 넓은 그릇에 쌀가루풀 · 액젓 · 마늘 · 생강 · 고춧가루 · 설탕을 넣어 섞는다.

:::: 숨 죽인 무 · 당근과 생굴을 건져 위 양념에 넣고, 파 · 실고추를 뿌려 버무린다.

:::: 항아리에 다져 담고, 받아둔 소금물로 양념 그릇을 헹궈 위에 붓는다.

:::: 눌림을 올리고 뚜껑을 덮어 찬 곳에 둔다.

호박김치

서리 맞아 주황색으로 속살이 더욱 단단해진 가을호박은, 무와는 또 다른 연한 맛과 달착지근한 맛을 지녔다. 예부터 농촌 지방의 토산김치로 알려져왔으나, 지금은 별미김치로 어디서나 손쉽게 담글 수 있다.

재 료

- 호박 1~2개(3kg): 누렇게 잘 익은 가을호박을 두 쪽으로 쪼갠 다음, 씨를 빼고 껍질을 깎는다.
- 배추 0.5kg: 막김치 담글 때처럼 3~4cm 길이로 썬다. 겉잎 몇 장을 떼어 우거지로 쓴다.
- 무 잎줄기 0.5kg: 신선한 무 잎줄기를 배추와 같은 길이로 썬다.
- 쪽파 1컵(1cup): 4cm 길이로 썬다.
- 마늘 1컵(1cup): 곱게 다진다.
- 생강 1컵(1cup): 곱게 다진다.
- 김치용 고춧가루 3/4컵(3/4cup)
- 고운 고춧가루 1/4컵(1/4cup)
- 실고추 1/2컵(1/2cup)
- 맑은 액젓 1컵(1cup)
- 소금: 천일염.

담 그 는 법

:::: 소금물(농도 3~4%)에 배추, 무 잎줄기, 호박 썬 것을 넣어 2~3시간 동안 눌러 절인다. 찬물에 헹군 다음 소쿠리에 건져 물기를 뺀다.

:::: 넓은 그릇에 액젓·마늘·생강·고춧가루를 넣고 섞어 양념을 만든다.

:::: 절인 호박, 배추, 무 잎줄기를 양념에 넣고 버무린다. 실고추를 뿌리고 항아리에 차곡차곡 담은 다음 잘 다져서 우거지를 덮는다.

:::: 눌림을 올리고 뚜껑을 덮어 찬 곳에 둔다.

고구마줄기김치

고춧잎김치

통대파김치

고 구 마 줄 기 김 치

부드러운 고구마줄기는 산채인 고비나물처럼 비교적 일정한 굵기의 섬유질 식물이다. 고구마줄기김치는 이른 가을에서 중추에 이르는 기간, 고구마밭 밭걷이할 때 농촌에서 많이 수거되는 계절의 특산물로 담가온 별미김치다.

재 료

- 고구마줄기 3kg: 잎은 모두 훑어내고 부드러운 순만을 따서 7-8cm 길이로 자른다.
- 무 1kg: 막김치 담글 때처럼 약 3-4cm 네모로 얇고 납작납작하게 썬다.
- 쌀가루풀 1컵(1cup)
- 맑은 액젓 1컵(1cup)
- 쪽파 2컵(2cup): 7-8cm 길이로 썬다.
- 마늘 3/4컵(3/4cup): 곱게 다진다.
- 생강 1/4컵(1/4cup): 곱게 다진다.
- 김치용 고춧가루 1/2컵(1/2cup)
- 고운 고춧가루 1/2컵(1/2cup)
- 실고추 1/3컵(1/3cup)
- 통깨 1/4컵(1/4cup): 볶은 것.
- 소금: 천일염.

담 그 는 법

:::: 고구마줄기를 깨끗이 씻어 한 줌의 소금으로 가볍게 비빈 다음, 1시간쯤 눌러 숨을 죽인다. 무 썬 것도 함께 넣어 숨 죽인 후 찬물에 헹궈 소쿠리에 건져둔다.

:::: 넓은 그릇에 쌀가루풀 · 액젓 · 마늘 · 생강 · 고춧가루를 넣고 섞어 양념을 만든다.

:::: 숨 죽인 고구마줄기와 무를 양념 그릇에 넣어 버무린 다음, 쪽파 · 실고추 · 통깨를 뿌려 버무린다.

:::: 간을 맞춰 항아리에 다져 넣고, 무청 우거지를 덮는다.

:::: 눌림을 올리고 뚜껑을 덮어 찬 곳에 보관한다.

고춧잎김치

한국의 흙과 물과 기온에서 자란 고추는 다른 어떤 나라의 고추와도 다른 독특한 풍토 미각을 지닌다. 가을이 깊어갈 무렵 밭에서 서리 맞아 살짝 시든 고추줄기대를 걷어, 연한 줄기에 매달린 풋고추와 늦맺음의 자잘한 고춧잎을 수확한다. 이를 통째로 진한 양념과 젓국에 버무려 담근 고춧잎김치는, 채소류 발효의 지혜로운 풍습이 돋보이는 농촌 지방 특산물 김치다.

재료

- 고춧잎 3kg: 서리 맞아 시든 고춧잎줄기와 여기 매달린 풋고추를 모두 사용한다. 깨끗이 다듬은 다음 4-5cm 길이로 잘라 소금물(농도 3-4%)에 담갔다 건진다.
- 무 1kg: 어른 새끼손가락 크기로 썰어, 고춧잎 절이는 데 함께 넣어 숨을 죽인다.
- 쪽파 2컵(2cup): 5-6cm 길이로 썬다.
- 멸치생젓 1 1/2컵(1 1/2cup): 곱게 다진다.
- 액젓 1/2컵(1/2cup)
- 쌀가루풀 1컵(1cup)
- 마늘 1컵(1cup): 곱게 다진다.
- 생강 1/2컵(1/2cup): 곱게 다진다.
- 김치용 고춧가루 1 1/2컵(1 1/2cup)
- 실고추 1/2컵(1/2cup)
- 소금: 천일염.

담그는 법

:::: 숨 죽인 고춧잎줄기와 썬 무를 찬물에 헹군 다음 소쿠리에 건져 물기를 뺀다.
:::: 넓은 그릇에 액젓·멸치생젓·쌀가루풀·마늘·생강·고춧가루를 넣어 섞은 다음, 고춧잎줄기와 무를 넣고 고루 버무린다.
:::: 파·실고추를 뿌려가며 버무려 항아리에 담은 다음, 무 잎줄기 우거지를 덮는다.
:::: 눌림을 올리고 뚜껑을 덮어, 찬 곳에 두거나 땅 속에 묻는다.

통대파김치

외국 채소를 우리식 조리 방법으로 담근 김치다. 종래의 실파나 쪽파 김치와는 아주 다른 맛과 모양의 이색김치다.

재료

- 대파 2kg: 허리채가 길고 굵기가 고른 통파(Leek)의 실뿌리를 잘라내고 뿌리 쪽 흰 줄기를 깨끗이 씻는다. 3-4cm 크기로 썰고 한 줌의 소금을 뿌려 숨 죽인다. 끝부분은 대충 잘라내고 일부 성한 것은 흰 줄기와 함께 절여둔다.
- 무 0.5kg: 다듬어 씻어 곱게 채 썬다. 1작은술의 소금을 뿌려 숨을 죽인다.
- 당근 1컵(1cup): 곱게 채 썬다. 무와 함께 숨을 죽인다.
- 쌀가루풀 1컵(1cup)
- 새우젓 2/3컵(2/3cup): 곱게 다진다.
- 마늘 1/2컵(1/2cup): 곱게 다진다.
- 생강 1/3컵(1/3cup): 곱게 다진다
- 고운 고춧가루 1/3컵(1/3cup)
- 김치용 고춧가루 1/2컵(1/2cup)
- 설탕 1/3컵(1/3cup)
- 실고추 1/4컵(1/4cup)
- 소금: 천일염.
- 대파 2컵(2cup): 3-4cm 길이로 어슷 썬다.
- 밤 1/2컵(1/2cup): 곱게 채 썬다.

담그는 법

:::: 넓은 그릇에 쌀가루풀 새우젓 · 마늘 · 생강 · 고춧가루 · 설탕을 넣어 양념을 만든다.

:::: 숨 죽인 통파 · 무 · 당근, 실고추를 넣어 섞고, 간을 맞춘다.

:::: 항아리에 다져 넣고, 절여둔 녹색 잎을 우거지로 덮는다.

:::: 눌림을 올리고 뚜껑을 덮어 찬 곳에 둔다.

통 오 징 어 소 박 이

원래 동해안 지방의 별미김치로 전해온 것이나, 지금은 어느 지역에서든 별식김치로 담그게 됐다. 주재료인 생오징어는 제철인 이른 가을에 물이 가장 좋으며, 크기도 고른 것을 쓸 수 있다. 내장을 완전히 제거해 버린 싱싱한 오징어의 몸통 속에 갖은 양념을 채워 삭힘으로써, 저장성은 물론 뛰어난 맛을 만들어온 지혜와 과학성이 돋보이는 김치다.

재 료

• 생오징어 8-9마리(3kg): 껍질을 벗긴 중간 크기. 대가리와 다리는 잘라 소금에 절인다.

• 무 1kg: 곱게 채 썬다.

• 마늘 1/2컵(1/2cup): 곱게 다진다.

• 생강 1/3컵(1/3cup): 곱게 다진다.

• 김치용 고춧가루 1/2컵(1/2cup)

• 고운 고춧가루 1컵(1cup)

• 액젓 1/2컵

• 대파 1/2컵(1/2cup): 잘게 썬다.

• 차조밥 2컵(2cup): 차조를 씻어 찜솥에 찐다. 좁쌀에는 흙과 돌이 있으므로 꼭 일어야 한다.

• 쪽파 20뿌리: 우거지용. 한 줌의 소금을 뿌려 숨을 죽인다.

• 소금: 천일염.

담 그 는 법

:::: 오징어의 대가리와 다리는 별도로 절인다.

:::: 절여둔 대가리와 다리를 가볍게 찬물에 헹궈, 종이나 수건 등으로 짜서 물기를 뺀다. 작은 토막으로 다진다.

:::: 다진 오징어를 넓은 그릇에 담고, 고춧가루 · 마늘 · 생강을 섞어 양념을 만든다.

:::: 무에 소금 1/2큰술을 뿌려 가볍게 짜 건지고, 소금물은 보관한다.

:::: 양념에 무와 액젓을 넣고 다시 잘 섞는다.

:::: 오징어의 물기를 닦아내고 양념을 집어넣은 다음, 항아리에 가지런히 담는다.

:::: 받아둔 소금물로 양념 그릇을 살짝 헹궈 오징어 항아리에 부어준다.

:::: 숨죽인 쪽파 우거지로 덮고, 약간의 고춧가루와 소금 1작은술을 뿌린다.

:::: 눌림을 하고 뚜껑을 덮어 찬 곳에서 익힌다.

통오징어소박이

갈치식해

가자미식해

갈 치 식 해

　지방질이 덜한 어린 가을갈치의 염장물에 갖은 양념을 첨가해서 담그는 갈치식해는 남해안 지방의 별미다. 갈치젓과는 전혀 다른 맛을 지닌 진미 절임류에 속한다.

재 료

- 잔갈치 2kg: 싱싱하고 어린 가을갈치를 소금으로 비벼 비늘을 없앤 다음, 내장을 꺼내고 말끔히 씻는다. 한 마리를 두세 토막으로 나누어 소금물(농도 3%)에 절인 뒤 하루 이틀 눌러둔다.
- 무 2kg: 굵고 큼지막하게 채를 썰어 한 줌의 소금으로 숨을 죽인다. 숨 죽인 무는 소쿠리에 건져 물기를 뺀다. 소금물은 받아둔다.
- 좁쌀 1kg: 잘 일어서 질지 않게 밥을 짓는다.
- 쌀가루풀 1컵(1cup)
- 맑은 액젓 1컵(1cup)
- 마늘 1컵(1cup): 곱게 다진다.
- 생강 2/3컵(2/3cup): 곱게 다진다.
- 고운 고춧가루 1컵(1cup)
- 김치용 고춧가루 1/2컵(1/2cup)
- 대파 2컵(2cup): 대파는 길게 쪼개 4-5cm 길이로 어슷 썬다.
- 산초 1/4컵(1/4cup): 산초열매 껍질가루 혹은 1/2컵의 산초잎.
- 소금: 천일염.

담 그 는 법

:::: 단단해진 갈치살을 2-3cm 토막으로 잘라서 고운 고춧가루로 문질러 버무린다. 물기를 뺀 무도 함께 버무린다.

:::: 넓은 그릇에 식은 조밥, 쌀가루풀 · 액젓 · 마늘 · 생강 그리고 김치용 고춧가루를 넣어 양념을 만든다.

:::: 갈치살 토막, 무 · 파를 양념에 넣어 골고루 버무린다.

:::: 싱거우면 소금으로 간을 맞춘 다음, 항아리에 담고 우거지를 덮는다.

:::: 산초열매 껍질가루 혹은 산초잎을 뿌리고[9] 눌림을 올린다.

:::: 소금물로 양념 그릇을 살짝 헹궈 붓고, 뚜껑을 덮어 찬 곳에서 익힌다.

⁽⁹⁾산초는 방부(敗) 살균력이 있는 것으로 알려져 있다. 중국 · 일본 · 한국에서는 예부터 씨를 뺀 산초열매 껍질가루를 추어탕 등에 약미로써 반드시 넣어왔으며, 특히 산초잎은 우리나라 사찰음식으로 전해오는 귀한 약재식물(藥材食物)이다.

가 자 미 식 해

관북 해안 지역에서 유래된 것이나, 지금은 전국 어디서나 담그는 특미 절임류로서 널리 애호된다.

재 료

- 가자미 2kg: 몸체가 얇고 속살이 단단한 잔가자미를 고른다. 하루나 이틀 전에 가자미의 비늘 · 지느러미 · 내장 등을 깨끗이 다듬고, 뼈와 껍질은 그대로 둔 채 2-3cm 토막으로 잘라 소금물(농도 3%)에 절여 눌러둔다.
- 무 2kg: 굵고 큼직한 채로 썰어 한 줌의 소금을 뿌려 숨을 죽인다.
- 좁쌀 1kg: 잘 일어서 질지 않게 밥을 짓는다.
- 쌀가루풀 1컵(1cup)
- 맑은 액젓 1컵(1cup)
- 마늘 1 1/2컵(1 1/2cup): 곱게 다진다.
- 생강 1컵(1cup): 곱게 다진다.
- 고운 고춧가루 1컵(1cup)
- 김치용 고춧가루 1/2컵(1/2cup)
- 멸치젓 1컵(1cup): 곱게 다진다.
- 대파 2컵(2cup): 대파는 길이 4-5cm로 어슷 썬다.
- 실고추 1/3컵(1/3cup)
- 소금: 천일염.

담 그 는 법

:::: 굳어진 가자미를 2-3cm 토막으로 자른 다음, 고운 고춧가루와 무를 가자미와 함께 버무린다.
:::: 넓은 그릇에 조밥 · 쌀가루풀 · 액젓 · 마늘 · 생강과 김치용 고춧가루를 넣어 양념을 만든다.

:::: 양념에 가자미와 무를 넣고 고루 버무린 다음, 파와 실고추를 뿌려서 섞는다.

:::: 항아리에 담고 우거지로 위를 덮는다.

:::: 눌림을 올리고 뚜껑을 덮어 찬 곳에서 익힌다.

통 가 지 쌀 겨 절 임

날씬하고 고운 몸매의 여린 통가지를 살짝 시들게 해서 쌀겨에 묻는 저장 절임이다.
씹히는 가지살의 탄력과 겨 속에서 삭은 통가지의 맛은, 말린 가지나물 등과는 비교가 안
될 정도로 독특하고 훌륭하다.

재 료

• 통가지 3kg: 갸름하고 모양이 고르며 연한 가지를 골라 꼭지째 2-3일간 그늘에서 시들게 한다.

• 고운 쌀겨 2kg

• 소금 200g: 천일염.

• 생강 100g: 얇고 납작하게 썬다.

• 생강가루 50g: 혹은 건조생강편.

• 붉은 고추 1컵(1cup)

• 무 잎줄기나 배춧잎: 우거지용 혹은 흰 종이나 흰 천을 덮개용으로 마련한다.

담 그 는 법

:::: 시든 통가지를 마른 천이나 종이로 깨끗이 닦는다.

:::: 쌀겨에 소금 · 생강 · 고추를 넣고 섞어 '절임겨'를 만든다.

:::: 항아리 바닥에 한두 줌의 절임겨를 깐다. 가로세로 한 켜씩 촘촘하게 가지를 넣는데, 가지 한 켜를 깔고
절임겨 한 켜를 충분히 덮는다. 이를 반복한다.

:::: 우거지를 덮고 남은 절임겨를 모두 뿌린다. 종이나 천으로 덮개를 할 때는 덮기 전에 절임겨를 뿌린다.

:::: 눌림을 올리고 뚜껑을 덮어 찬 곳에 둔다.

무 쌀 겨 절 임

늦가을 김장철이 다가오기 전 풍성한 단무의 한철이 있다. 큰 다발로 탐스럽게 묶인 무성한 단무더미가 여기저기 쌓인다. 수확의 보람과 함께 가을의 풍요를 구가하는 아름다운 계절이다. 단무는 말림이나 절임류의 저장식품 재료로 손색이 없다. 각종 무말랭이로부터 장아찌류의 가공과 저장에 더없이 좋은 소재다.

재 료

- 단무 4kg: 살과 결이 단단하며, 매끄럽고 연한 무를 고른다. 몸체가 알맞게 긴 단무를 잎줄기가 붙은 그대로 2~3일간 그늘에서 시들게 한다[10]. 양손으로 각각 무 꼬리와 뿌리 쪽을 쥐고 맞닿도록 휘어도 부러지지 않을 만큼 시들게 둔다.
- 고운 쌀겨 1kg
- 소금 300g: 천일염.
- 고추씨 100g: 깨끗한 햇고추씨.
- 무청 : 얼간해서 물기를 뺀 우거지. 항아리 안을 넉넉히 덮을 만큼 준비한다.

담 그 는 법

:::: 시든 무의 잎줄기는 잘라 우거지로 처리하고, 무만을 한곳에 모아둔다.

:::: 쌀겨에 소금과 고추씨를 넣어 골고루 섞는다.

:::: 잘 마른 항아리 바닥에 1/2컵쯤의 절임겨를 깐다.

:::: 무를 한 켜 깔고 절임겨를 덮는다. 무 한 켜와 절임겨 한 켜를 번갈아가며 넣는데, 무의 방향이 가로세로로 한 켜씩 엇갈리게 한다.

:::: 무와 절임겨가 완전히 안 보이도록 무 잎줄기 우거지를 두껍게 덮는다.

:::: 눌림을 올리고 뚜껑을 덮어 찬 곳에 보관한다.

[10]수분 증발로 인한 건조로 무가 딱딱해지는 것을 막고 단맛을 더욱 농축(濃縮)하기 위해 말린다.

무쌀겨절임

통가지쌀겨절임

무청젓갈절임

가을콩잎절임

통오이쌀겨절임

가을콩잎절임

가을이 오면 누렇게 물드는 콩잎들을 따서, '멧젓'이라고 부르는 가을멸치의 새젓국에 갖은 양념을 해 담그는 이 절임은, 남도 농촌의 별미다. 진한 양념 맛이든 누른 콩잎에는 구수하고 정겨운 남도 농촌의 가을 정서가 듬뿍 담겨 있다.

재료
- 가을콩잎 3kg: 싱싱한 콩잎을 깨끗이 씻어 10-20장씩 묶음을 만든다. 길이로 반을 접은 다음 묶어도 된다.
- 쌀가루풀 2컵(2cup)
- 멧젓 2컵(2cup): 가을 햇멸치로 담근 멸치젓으로, 국물보다 멸치살이 많다. 건더기를 곱게 다진다.
- 김치용 고춧가루 1컵(1cup): 혹은 붉은 고추.
- 마늘 1 1/2컵(1 1/2cup): 곱게 다진다.
- 생강 1컵(1cup): 곱게 다진다.
- 쪽파 2컵(2cup): 뿌리만 자르고 통째 씻는다.
- 물 4-5컵(4-5cup): 끓여서 식힌다.
- 소금: 천일염

담그는 법
:::: 콩잎 묶음들을 소금물(농도 3%)에 담가 약 2-3시간 눌러뒀다 건진다.
:::: 넓은 그릇에 쌀가루풀 멧젓(다진 것과 젓국 함께) · 고춧가루 · 마늘 · 생강을 넣고, 1-2컵의 물을 타서 고루 젓는다.
:::: 숨 죽인 콩잎 묶음의 꼭지를 쥐고 하나씩 양념 국물을 묻혀 항아리에 차곡차곡 눕혀 담는다. 씻어둔 쪽파로 양념 그릇을 훔쳐 위에 덮는다. 고춧가루 대신 붉은 고추를 쓸 경우, 꼭지째 파와 함께 덮는다.
:::: 위에 1큰술의 소금을 고루 뿌려주고 눌림을 올린다.
:::: 뚜껑을 덮어 찬 곳에 두거나 땅에 묻는다.

무청젓갈절임

유난히 부드럽고 탐스러운 가을무 잎은 무기질 · 비타민이 풍부하며, 고급 식물성섬유를 충분히 함유한 채소다. 무청젓갈절임은 진한 생젓갈에 마늘 · 고추 맛이 함께 삭아들어가, 월동 후의 봄이나 여름에 가면 특유한 향취의 토속절임 맛을 지니게 된다. 농어촌의 비절(非節) 가정식품으로 소중한 음식이다.

재 료

- 무 잎줄기 3kg: 가을무의 무성한 줄기를 골라 잎 끝부분은 다듬어 버린다. 소금물(농도 3%)에 담가 하루 동안 눌러둔다.
- 마늘 500g: 통마늘을 알알이 깐다.
- 풋고추 500g: 단단한 알맹이로 골라 꼭지째 무청과 함께 절인다.
- 쌀가루풀 1컵(1cup)
- 멧젓 3컵(3cup): 가을 햇멸치로 담근 멸치젓.
- 마늘 1컵(1cup): 곱게 다진다.
- 생강 1/2컵(1/2cup): 곱게 다진다.
- 김치용 고춧가루 1컵(1cup)
- 고운 고춧가루 1컵(1cup)
- 쪽파 500g: 뿌리만 자르고 통째 쓴다.
- 소금: 천일염.

담 그 는 법

:::: 절인 무청과 풋고추를 찬물에 헹궈 소쿠리에 건진다.
:::: 마늘을 낱낱이 다듬고 꼭지 쪽의 검은 부분을 잘라낸다.
:::: 넓은 그릇에 쌀가루풀 · 멧젓 · 마늘 · 생강 · 고춧가루를 넣고 잘 섞는다. 물기를 뺀 무 잎줄기, 풋고추, 알마늘, 쪽파를 넣고 함께 버무린다. 무 잎줄기는 우거지용으로 조금 남겨둔다.
:::: 버무린 무 잎줄기를 마늘 · 풋고추 · 쪽파가 고루 섞이도록 해서 항아리에 차곡차곡 담는다. 무 잎줄기로 위를 덮고 잘 다진다.
:::: 눌림을 올리고 뚜껑을 덮어 찬 곳에서 익힌다.

통 오 이 쌀 겨 절 임

짠지용 재래오이를 쌀겨에 절여 장기간 보존하는 저장 절임이다. 어떤 음식류와도 함께 먹을 수 있는 깔끔한 반찬이다.

재 료

- 오이 3kg: 살이 단단하며 유연한 짠지용 재래오이나 커비(Kirby) 오이 가는 것을 쓴다. 꼭지를 따지 않고 1-2일 그늘에서 시들게 한다.
- 고운 쌀겨 2kg
- 소금 200g: 천일염.
- 고추씨 100g: 혹은 마른 붉은 고추.
- 생강가루 100g: 얇고 납작하게 썬다.
- 생강 50g: 혹은 건조생강편.
- 무 잎줄기나 배춧잎: 우거지용. 혹은 흰 종이나 흰 천을 덮개용으로 마련한다.

담 그 는 법

:::: 고운 쌀겨에 소금 · 고추씨 · 생강을 고루 섞어 절임겨를 만든다.

:::: 항아리 바닥에 한두 줌의 절임겨를 깐다. 시든 오이를 가로 한 줄 세로 한 줄씩 촘촘히 깔고, 각 줄 사이로 절임겨를 한 켜씩 덮는다.

:::: 위에 우거지를 덮고, 남은 절임겨를 모두 뿌려준 뒤 눌림을 올린다. 종이나 천으로 덮개를 할 때는 덮기 전에 절임겨를 뿌린다.

:::: 찬 곳에 보관한다.

짠 지 무

늦가을, 잘 여물어 살이 단단한 재래종 무를 다른 양념 배합 없이 소금으로만 절이는 무 염장법의 하나다. 김장을 모두 마친 뒤 여분으로 남은 무는 땅속의 움집에 파묻어 생태(生態) 저장하거나, 진한 소금물에 절여 염장 보관한다. 염장 보관은 육류 · 조금(鳥禽)류 · 생선조패(藻貝)류 등을 말리는 건조의 지혜와 함께, 인류시원(人類始源)부터 지금까지 전해진 식품 보존의 원초적 방법이다.

재 료

• 무 6-7개(4kg): 중간 크기보다 조금 작은 재래종 짠지무를 사용한다. 잎줄기는 잘라서 말리고, 단단한 속살의 알맹이 무만을 깨끗이 씻어 하루쯤 응달에서 시들게 한다.

• 소금 1 1/2컵(320g): 해염.

• 붉은 고추 5-6개: 알이 작은 것. 혹은 고추씨 1큰술쯤을 천에 싸서 넣어준다[11].

담 그 는 법

:::: 시든 무를 상처가 안 나게 잘 다듬는다[12]. 자잘한 실뿌리 등은 그대로 둔다.

:::: 무를 항아리에 차곡차곡 담고, 고추 혹은 고추씨 싼 것을 위에 넣는다.

:::: 눌림을 올린 다음 눌림까지 잠기게 물을 충분히 부어주고 위에 소금을 고르게 뿌린다. 이때 무덩이가 국물 위로 떠오르지 않게 해야 한다.

[11]고추나 고추씨는 유해균(有害菌)을 죽이는 살균력(殺菌力)이 있어 부패 방지에 도움이 된다.

[12]무 몸에 상처가 있으면 저장 중에 뭉크러지거나 살이 물렁해질 수 있다.

알 마 늘 절 임

예부터 마늘에는 강장(强壯) 성분과 살균력이 있다고 알려져왔고, 현대과학도 이를 증명했다. 마늘은 양념뿐만 아니라 의약제(醫藥劑, Medicative, Medicinal Material)와 약미소(藥味素, Condimental Commodity)로써도 널리 쓰인다. 중국을 비롯한 동양에서뿐만 아니라 프랑스인, 이탈리아인, 또 유대인들조차 마늘 없이는 제대로 음식 맛을 못 낸다고 알고 있다. '알마늘술' '알마늘절임'은 모두 마늘 성분을 보존하는 저장(가공) 방법이다.

재 료

• 마늘 2kg: 알 크기가 고르고 단단한 것을 골라, 상처 없이 껍질을 깐다. 꼭지 쪽의 검은 부분을 잘라내고 찬물에 헹궈 소쿠리에 건진다.

• 소금 1/4컵(1/4cup): 천일염.

• 설탕 1컵(1cup)

• 식초 100밀리리터(100ml): 무색의 증류 식초.

• 물 1리터(1L)

짠지무

알마늘절임

:::: 마른 항아리에 마늘을 쏟아 넣고, 위를 고르게 다진다. 설탕 · 소금을 섞어 위에 붓고, 식초를 넣은 다음 눌림을 올린다.

:::: 물을 붓고 뚜껑을 덮어 찬 곳에 둔다. 물을 부을 때 마늘이 떠오르지 않도록 조심한다.

:::: 가을→겨울→봄까지도 변질 없이 보존할 수 있지만, 물기가 들어가거나 불결하게 관리하면 물러지고 곰팡이가 슬어 못 먹는다.

생 굴 김 치

중추를 넘어 싸늘한 초겨울, 생굴의 맛이 으뜸인 제철에 담가 계절의 풍미를 즐긴다. 신선한 맛과 다른 김치에서 얻지 못하는 높은 향미로 더욱 애호되는 김치다.

재 료

• 생굴 3kg: 껍질을 깐 지 오래되지 않은 신선한 생굴. 중간 크기나 약간 작은 것을 준비한다. 굴의 색깔은 흰 것보다 회색에 가까운 것이 좋다.

• 무 1kg: 곱게 채 썬다.

• 마늘 1컵(1cup): 곱게 채 썬다.

• 생강 1/2컵(1/2cup): 곱게 채 썬다.

• 맑은 액젓 1컵(1cup)

• 김치용 고춧가루 1컵(1cup)

• 대파 2컵(2cup): 채 썬다.

• 밤 1/2컵(1/2cup): 곱게 채 썬다.

• 잣 1큰술(1Ts)

• 실고추 1/2컵(1/2cup)

• 미나리 1컵(1cup): 4-5cm 길이로 썬다.

• 소금: 천일염.

담 그 는 법

:::: 생굴은 껍데기를 깨끗이 골라내고 소금물(농도 5%)에 헹궈 소쿠리에 건진다.

:::: 받아둔 소금물에 무를 넣어 숨 죽인 후 가볍게 눌러 물기를 짠다.

:::: 넓은 그릇에 액젓 · 마늘 · 생강 · 고춧가루를 넣고 섞는다.

:::: 굴 · 무 · 파 · 미나리 · 밤 · 잣을 넣고 실고추를 뿌려가며 섞은 다음, 항아리에 차곡차곡 담는다.

:::: 보관해둔 굴물로 양념 그릇을 살짝 헹궈 위에 붓고, 절인 배춧잎이나 숨 죽인 쪽파줄기 등의 우거지로
     위를 덮는다.

:::: 가벼운 눌림을 올려서 찬 곳에 둔다.

생굴김치

통배추백김치

통 배 추 백 김 치

모양이 깨끗하며 담백하고 순한 맛이어서, 어린이와 노인층에서 특히 좋아하는 시원한 김치 종류다. 어느 계절 어떤 음식류와도 어울리는 청량한 맛으로, 배추 맛의 신선함과 담백한 양념 맛이 순수하게 남아 있는 풍미김치다. 권식 작용[13]도 높아 누구나 애호한다.

재 료

- 배추 2-3포기(5kg): 색이 희고 줄기 부분이 좋은 중간 크기로 골라 절인다.
- 무 600g: 곱게 채 썬다.
- 파 150g: 4-5cm로 썬다.
- 당근 1/3컵(1/3cup): 곱게 채 썬다.
- 마늘 1/3컵(1/3cup): 곱게 채 썬다.
- 생강 1/3컵(1/3cup): 곱게 채 썬다.
- 미나리 1컵(1cup): 4-5cm 길이로 자른다.
- 밤 1/2컵(1/2cup): 곱게 채 썬다.
- 대추 1/2컵(1/2cup): 곱게 채 썬다.
- 배 1/2컵(1/2cup): 곱게 채 썬다.
- 석이버섯 1/4컵(1/4cup): 곱게 채 썬다.
- 잣 1/4컵(1/4cup)
- 붉은 고추 2-3개: 마른 것.
- 맑은 액젓이나 소금

담 그 는 법

::::: 절인 배추를 깨끗이 손질한다.
::::: 넓은 그릇에 무·당근·파·마늘·생강·미나리·밤·대추·배·석이버섯·잣을 넣어 고루 섞은 후 맑은 액젓이나 약간의 소금으로 간한다.
::::: 위 양념을 절인 배춧잎 사이사이에 고루 채워 넣는다. 소가 흘러나오지 않게 한두 장의 겉잎으로 소를 넣은 배추를 감싸, 길이로 반을 접는다. 항아리에 차곡차곡 담는다. 위에 마른 붉은 고추를 얹고 눌림을 올려, 찬 곳에서 익힌다.
::::: 하루 이틀 후에 김칫 국물 양과 간을 다시 조절한다.

총 각 김 치

'알타리무김치'라고도 하나 총각김치로 더 많이 불린다. 김치의 주재료인 무 잎줄기가 치렁치렁하게 길어서, 옛 총각들의 길게 땋은 탐스러운 머리 모양과 닮았음을 빗대어 생긴 말이라 전해진다. 총각무는 살이 단단하며, 무 맛의 특미인 겨자 맛처럼 콧등이 찡해오는 매운 느낌이 보통 무보다 훨씬 강하다. 총각무는 한국의 토양에서만 재배되는 토속무다.

재 료

- 총각무 4kg: 줄기와 잎이 신선하고 연한 것으로 깨끗이 다듬어서 하룻밤 소금물(농도 3%)에 담가 숨을 죽인다. 다음 날 찬물로 두세 번 말끔히 씻어 물기를 뺀다.
- 쌀가루풀 2컵(2cup)
- 맑은 액젓 1 1/2컵(1 1/2cup)
- 새우젓 1컵(1cup): 곱게 다진 육젓.
- 김치용 고춧가루 1컵(1cup)
- 고운 고춧가루 1/2컵(1/2cup)
- 마늘 1/2컵(1/2cup): 곱게 다진다.
- 생강 1/4컵(1/4cup): 곱게 다진다.
- 쪽파 10뿌리: 뿌리만 잘라낸 쪽파를 소금물에 적셔 숨을 죽인다.

담 그 는 법

:::: 넓은 그릇에 쌀가루풀 액젓·고춧가루·마늘·생강을 넣고 잘 버무려 양념을 만든다.

:::: 잎줄기가 달린 긴 무를 서너개씩 쥐고 다발 모양이 되게 접은 다음, 숨 죽인 쪽파로 둘레를 감아 풀리지 않게 한다.

:::: 다발로 묶은 총각무를 양념에 넣고 버무려서 항아리에 차곡차곡 담는다.

:::: 배춧잎이나 무 잎줄기 우거지로 덮고, 약간의 소금 액젓, 김치용 고춧가루를 살짝 뿌려둔다.

:::: 눌림을 올려 찬 곳에서 삭힌다.

총각김치

시 금 치 겉 절 이

이전에는 봄과 여름에만 먹던 시금치가 지금은 사철로 공급돼, 손쉽게 겉절이로 장만 해서 즐길 수 있게 됐다. 새봄의 햇시금치나 온실에서 금방 뽑아온 어리고 연한 시금치는, 냉이처럼 가느다란 뿌리까지도 함께 먹는다.

재 료

- 시금치 2kg: 어리고 연한 시금치를 뿌리째 씻어 소쿠리에 건진다.
- 무 0.5kg: 다듬어 씻어 곱게 채 썬다.
- 쌀가루풀 1컵(1cup)
- 마늘 2/3컵(2/3cup): 곱게 채 썬다.
- 생강 1/3컵(1/3cup): 곱게 채 썬다.
- 양파 1컵(1cup): 4-5cm 길이로 곱게 채 썬다.
- 실파 1컵(1cup): 4-5cm 길이로 썬다.
- 고운 고춧가루 2/3컵(2/3cup)
- 김치용 고춧가루 1/2컵(1/2cup)
- 맑은 액젓 2/3컵(2/3cup)
- 실고추 1/4컵(1/4cup)
- 설탕 1/3컵(1/3cup)
- 소금: 천일염.

담그는 법

:::: 넓은 그릇에 쌀가루풀 마늘 · 생강 · 고춧가루 · 액젓 · 설탕을 넣어 섞는다.

:::: 시금치 · 양파 · 실파 · 무 · 실고추를 넣고 고루 버무린 다음, 소금이나 액젓 등으로 간을 맞춘다.

:::: 즉석에서 먹을 때는 식초 · 참기름을 조금씩 넣는다.

배 추 막 김 치

사계절을 통해 가장 손쉽게 담그는 일반 김치의 대표다. 양배추 · 중국배추 · 스페인 상추 등 지역에 따라 많이 나는 주재료들로 언제 어디서나 김치를 담글 수 있다. 저장성은 짧지만 낯선 외국인들도 맛있어하며 담글 수 있는 보편성을 지닌 김치다.

포기로 담근 통김치류에 비해 모양새의 격이 떨어지지만, 식초 · 설탕 등을 넣어 즉석에서도 먹을 수 있는 장점이 있다. 손길이 많이 안 가며 '샐러드식' 김치 등으로 다양하게 즐길 수 있기에, 2000년대의 새로운 부식으로 개발, 세계인의 식탁에서 환영 받을 수 있는 김치다.

재 료

- 배추 2-3포기(3kg): 줄기가 두껍고 푸른 잎이 적은 중간 크기. 다듬고 씻어 4-5cm 길이로 썰어 숨 죽인다.
- 무 1kg: 살이 단단한 토종무. 4cm 네모로 썰어 배추와 함께 숨 죽인다.
- 맑은 액젓 1/2컵(1/2cup)
- 쌀가루풀 1컵(1cup)
- 김치용 고춧가루 1컵(1cup)
- 고운 고춧가루 1/3컵(1/3cup)
- 마늘 1/2컵(1/2cup): 곱게 다진다.
- 생강 1/3컵(1/3cup): 곱게 다진다.
- 대파 2컵(2cup): 3-4cm 길이로 어슷 썬다.
-

담 그 는 법

:::: 넓은 그릇에 액젓 · 쌀가루풀 · 마늘 · 생강 · 고춧가루를 넣고 잘 젓는다.
:::: 숨 죽인 무와 배추의 간을 보아 싱거우면 약간의 소금이나 액젓을 넣는다.
:::: 위 양념에 무 · 배추 · 대파를 넣고 가볍게 섞은 다음, 항아리에 담는다.
:::: 우거지를 덮고 눌림을 올린 다음, 뚜껑을 덮어 찬 곳에서 익힌다.

시금치겉절이

막김치

풋배추겉절이

풋 배 추 겉 절 이

부드럽고 연한 풋배추를, 절이거나 숨 죽이는 과정 없이 생배추 그대로 소금물에 씻어 즉석에서 양념에 버무려 담그는 신선한 김치다. 옛날에는 풋배추가 자라는 여름 한 철에만 담글 수 있었지만, 지금은 사철을 통해 즐길 수 있는, 즉석 절임김치다.

재 료

- 풋배추 2kg: 싱싱하고 연한 풋배추를 골라 다듬는다. 통째 씻어 소금물(농도 3%)에 헹궈 소쿠리에 건진다.
- 실파 0.5kg: 뿌리를 자르고 깨끗이 씻어, 배추 헹군 소금물에 담갔다가 건진다.
- 미나리 0.3kg: 뿌리와 끝 이파리들을 잘라내고 깨끗이 다듬어 씻는다. 소금물에 헹궈 건진다.
- 새우젓 1컵(1cup): 곱게 다진다.
- 쌀가루풀 1컵(1cup)
- 마늘 1컵(1cup): 곱게 채 썬다.
- 생강 1/2컵(1/2cup): 곱게 채 썬다.
- 고운 고춧가루 1/3컵(1/3cup)
- 김치용 고춧가루 1/3컵(1/3cup)
- 설탕 1/2컵(1/2cup)
- 실고추 1/4컵(1/4cup)
- 식초 1/3컵(1/3cup): 증류 식초.
- 소금: 천일염.

담 그 는 법

:::: 약간 숨 죽은 풋배추 · 실파 · 미나리를 넓은 그릇에 같이 담는다.

:::: 새우젓 · 마늘 · 생강 · 고춧가루 · 설탕을 넣어 가볍게 버무린다.

:::: 간을 알맞게 맞추고 실고추를 뿌려 섞어서 그릇에 담아 찬 곳에 둔다.

:::: 식초는 당장 먹을 만큼에만 치고, 올리브유나 샐러드유를 곁들이면 좋다. 식초를 치지 않은 것만 항아리에 담아 눌림을 올리고 냉장한다.

당 근 깍 두 기

외국 채소를 우리 음식으로 조리할 수 없는 형편이거나, 무 · 배추를 살 수 없는 지역 등에서 담그는 이색 깍두기다. 고춧가루 · 마늘 · 생강 · 젓갈을 넣지 않고 새콤달콤한 토막 당근절임으로도 담그며, 종래의 김치 양념을 모두 넣어 본래 맛의 깍두기를 담가도 맛이 새롭다.

재 료

- 당근 3kg: 속살이 연하고 싱싱한 것을 골라, 껍질을 벗기지 않고 깨끗이 씻는다. 2-3cm 네모로 썰어, 한 줌의 소금을 뿌려 섞어둔다.
- 무 0.5kg: 속살이 단단한 무를 씻어 곱게 채 썬다. 당근에 함께 넣어 숨죽인다.
- 쌀가루풀 1컵(1cup)
- 새우젓 1/2컵(1/2cup): 곱게 다진다.
- 마늘 2/3컵(2/3cup): 곱게 채 썬다.
- 생강 1/3컵(1/3cup): 곱게 채 썬다.
- 고운 고춧가루 1/2컵(1/2cup)
- 설탕 1큰술(1Ts)
- 대파 2컵(2cup): 3-4cm 길이로 어슷 썬다.
- 양파 1컵(1cup): 곱게 채 썬다.
- 밤 1/2컵(1/2cup): 곱게 채 썬다.
- 소금: 천일염.
- 배춧잎 우거지를 마련해둔다.

담 그 는 법

:::: 당근 · 무를 소쿠리에 건진다. 소금물은 받아둔다.

:::: 넓은 그릇에 쌀가루풀 · 새우젓 · 마늘 · 생강 · 고춧가루 · 설탕을 넣고 고루 섞어 양념을 만든다.

:::: 위 양념에 당근 · 무 · 파 · 양파 · 밤을 섞고 간을 맞춰 고루 버무린다.

:::: 항아리에 다져 담고 우거지를 덮는다. 받아둔 소금물로 양념 그릇을 살짝 헹궈 위에 붓고 눌림을 올린다. 뚜껑을 덮어 찬 곳에 둔다.

당근깍두기

달양파깍두기

알 양 파 깍 두 기

외국의 채소로 우리 김치를 담그는 사례 중 하나다. '진주알 양파' 또는 그냥 '알양파'로 부르는 작고 동그란 양파(Pearl Onion)는, BC 2500년경 이집트의 피라미드 건립에 사역한 노예들에게 "100달란트(talents)의 은화로 양파와 마늘을 사주다"라고 나와 있는 것에서 문자 기록의 시초를 찾을 수 있다. 알양파를 통째 깍두기 양념에 버무려 담근다. 콧등이 찡해오는 맛의 맵싹달싹한 알양파깍두기는 기름진 육류 음식과 특히 어울린다.

재 료

- 알양파 2kg: 알 크기가 고른 것을 골라, 껍질을 벗긴 다음 깨끗이 씻는다. 소금 한 줌을 뿌려 숨을 죽인다.
- 무 0.5kg: 속살이 단단한 무를 다듬어 씻어 곱게 채 썬다. 1작은술의 소금을 뿌려둔다.
- 당근 1컵(1cup): 껍질을 벗겨 씻어 곱게 채 썬다. 무와 함께 숨을 죽인다.
- 쌀가루풀 1컵(1cup)
- 새우젓 1/2컵(1/2cup): 곱게 다진다.
- 마늘 2/3컵(2/3cup): 곱게 채 썬다.
- 생강 1/3컵(1/3cup): 곱게 채 썬다.
- 고운 고춧가루 2/3컵(2/3cup)
- 김치용 고춧가루 1/3컵(1/3cup)
- 설탕 1/2컵(1/2cup)
- 대파 2컵(2cup): 3-4cm 길이로 어슷 썬다.
- 밤 1/2컵(1/2cup): 곱게 채 썬다.
- 실고추 1/3컵(1/3cup)
- 소금: 천일염.

담 그 는 법

:::: 숨 죽은 양파 · 무 · 당근을 소쿠리에 건진다. 소금물은 받아둔다.

:::: 넓은 그릇에 쌀가루풀 · 새우젓 · 마늘 · 생강 · 고춧가루 · 설탕을 넣어 양념을 만든다.

:::: 위 양념에 양파 · 무 · 당근을 넣고 버무리면서 파 · 밤 · 실고추를 뿌려 섞는다. 간을 맞춰 항아리에 다져 넣는다. 받아둔 소금물로 양념 그릇을 살짝 헹궈 위에 붓는다.

:::: 눌림을 올리고 뚜껑을 덮어 찬 곳에 둔다.

양배추동치미

　'호배추동치미'라고도 한다. 양배추로 담근 물김치로, 한겨울 동치미 맛과는 다른 사철동치미다. 냉국수나 냉면 국물로 일품이며, 일반 배추나 무를 사용한 동치미보다 한결 시원하다. 톡 쏘는 겨자 맛처럼 약간은 자극성 있는 독특한 맛을 지녔다.

재 료

- 양배추 2kg: 푸른 잎은 떼어내고 가로 2cm, 세로 4-5cm로 썬다. 소금물(농도 3%)에 넣고 1-2 시간 눌러둔다.
- 미나리 2컵(2cup): 잔잎들을 떼버리고 부드러운 줄기만 3-4cm 길이로 썬다.
- 마늘 1컵(1cup): 곱게 채 썬다.
- 생강 1/2컵(1/2cup): 곱게 채 썬다.
- 쌀가루풀 1컵(1cup)
- 붉은 고추 1/2컵(1/2cup): 혹은 풋고추. 길게 두 쪽으로 갈라 씨를 뺀다.
- 실파 1컵(1cup): 혹은 대파를 쪼개 3-4cm 길이로 어슷 썬다.
- 소금: 천일염.

담 그 는 법

:::: 숨 죽인 양배추를 소쿠리에 건진다. 배추에서 나온 물에 미나리를 넣어 숨 죽인다.

:::: 양배추와 미나리를 항아리에 같이 담고, 쌀가루풀 마늘 · 생강 · 파 · 고추를 넣는다.

:::: 찬물을 붓고 한두 번 저어준 후 뚜껑을 덮는다.

:::: 소금과 물로 간을 맞춘 다음 시원한 곳에서 익힌다.

양 배 추 물 김 치

양배추동치미와는 다른 맛의 물김치로, 담그기가 편하고 맛도 담백하다. 국수말이 · 냉면 등의 시원한 국물로 많이 쓰이며, 사철김치라서 어느 계절에나 손쉽게 담글 수 있다.

재 료

- 양배추 3kg: 싱싱한 것을 골라 가로 2cm, 세로 5cm 정도로 썰어 깨끗이 씻는다. 1/2컵의 소금을 뿌려 2-3시간 눌러 절인다. 소금물은 받아둔다.
- 오이 1kg: 살이 단단하고 크기가 작은 것으로 골라 양배추와 함께 절인다.
- 쌀가루풀 1컵(1cup)
- 마늘 1컵(1cup): 곱게 채 썬다.
- 생강 1/3컵(1/3cup): 곱게 채 썬다.
- 붉은 고추 1/2컵(1/2cup): 붉은 고추를 씻어 꼭지와 씨는 버리고, 제 길이대로 가늘게 썬다.
- 대파 2컵(2cup): 3-4cm 길이로 어슷 썬다.
- 소금: 천일염.

담 그 는 법

:::: 절인 양배추를 건진다. 오이는 5cm 토막으로 자른 후 다시 네 쪽으로 쪼개서 양배추와 함께 담아둔다.

:::: 넓은 그릇에 쌀가루풀 · 마늘 · 생강 · 파 · 고추를 넣고 섞어 양념을 만든다.

:::: 위 양념에 양배추 · 오이를 넣고 버무려서 항아리에 담는다.

:::: 받아둔 소금물로 양념 그릇을 살짝 헹궈 위에 붓고, 잘 저어가며 국물 양과 김치 간을 맞춘다.

:::: 뚜껑을 덮어 찬 곳에 둔다.

양 배 추 겉 절 이

몇 가지 맛이 다른 양념, 곧 '김치 드레싱(Kimchi Dressing)'을 만들어 두고 언제든지 즉석에서 준비해 먹을 수 있는 간편한 샐러드식 김치다.

재 료

- 양배추 3kg: 싱싱한 양배추를 골라 겉잎 몇 쪽만 떼어내고 절인다. 가로 2-3cm 세로 4-5cm로 썰어 한 줌의 소금으로 2-3시간 절인다.
- 오이 1kg: 가늘고 속살이 단단한 것을 골라 4-5cm 길이로 네 쪽을 낸다. 소금 한 줌을 뿌려 숨을 죽인다.
- 당근 1컵(1cup): 껍질을 벗기고 씻어 곱게 채 썬다. 1작은술의 소금을 뿌려 숨 죽인다.
- 양파 2컵(2cup): 가늘게 채 썬다.
- 대파 1컵(1cup): 3-4cm 길이로 어슷 썬다.
- 맑은 액젓 1컵(1cup)
- 마늘 3/4컵(3/4cup): 곱게 다진다.
- 생강 1/4컵(1/4cup): 곱게 다진다.
- 붉은 고추 1/2컵(1/2cup): 꼭지와 씨를 떼고 3-4cm 길이로 어슷 썬다.
- 소금: 천일염.

담 그 는 법

:::: 김치 양념[14]을 만든다. 만든 것을 살균 처리[15]해, '김치 드레싱(Kimchi Dressing)' 또는 '김치 소스 (Kimchi Sauce)'로 이름 붙여 보관한다.

:::: 넓은 그릇에 액젓·마늘·생강을 넣고 섞는다.

:::: 절인 양배추를 찬물에 씻어 소쿠리에 건진다. 숨 죽인 오이도 건져 함께 담는다.

:::: 양배추·오이·당근을 넣고, 양파·파·고추를 넣어 고루 섞는다.

:::: 간을 잘 맞추고 그릇에 담아 냉장한다. 좀 더 오래 저장하려면 식초 같은 것은 넣지 않는 편이 좋다. 양 배추 겉잎 우거지를 덮고 눌림을 올린다. 뚜껑을 덮어 찬 곳에 둔다.

[14]김치 드레싱(Kimchi Dressing)
재료: 쌀가루풀 1컵, 마늘 1컵, 대파 2컵, 맑은 액젓 1/2컵, 생강 1/3컵, 양파 1컵, 소금 2큰술, 설탕 1 큰술, 붉은 고추 2컵, 물 4-5컵

양배추물김치

양배추동치미

양배추겉절이

양배추보쌈김치

만드는 법: 위의 아홉 가지 양념들을 깨끗이 다듬는다. 물 1~2컵과 함께 믹서에 간다.

굵기는 입맛에 따라 선택한다. 더 붉고 맵게 하려면 고추양을 늘리고, 맵지 않고 색상만 붉게 하려면 붉은 토마토를 넣는다.

(15)살균 처리(저온살균, Pasteurization): 72℃ 안팎의 저온으로 열처리를 하는 방법이다. 끓이지 않고 데친다는 뜻이다. 먼저 불 위에 냄비를 올려 데운 다음, 믹서에 간 양념을 넣는다. 뚜껑을 덮지 않고 가만히 젓다가, 끓기 직전 뜨거울 때 입이 좁은 소스 병에 담는다. 바로 뚜껑을 닫고 찬물에서 식힌 후 냉장한다. 양념의 종류와 함량을 다르게 하면, 그 내용과 만든 날짜 등을 병에 표시해서 저장한다. 즉석김치뿐만 아니라 다른 김치류도 이렇게 마련해둔 김치 소스를 쓰면 편리하다.

양 배 추 보 쌈 김 치

양배추의 넓은 겉잎으로 속김치를 싸서 맛을 낸 보쌈김치다. 잔치나 큰 행사 때 이색적인 맛과 모양을 즐길 수 있어 새로운 김치로 각광 받고 있다.

재 료

- 양배춧 잎 30-40장(1kg): 속김치를 감쌀 수 있을 만큼의 넓은 겉잎들을 깨끗이 씻어 소금물(농도 3%)에 3-4시간 숨을 죽인다.
- 무 2kg: 2-3cm 넓이로 얇고 납작납작하게 썬다.
- 마늘 1컵(1cup): 곱게 채 썬다.
- 생강 1/2컵(1/2cup): 곱게 채 썬다.
- 액젓 1컵(1cup): 생젓을 사용해도 된다.
- 김치용 고춧가루 1/2컵(1/2cup)
- 고운 고춧가루 1/2컵(1/2cup)
- 설탕 1/2컵(1/2cup)
- 대파 2컵(2cup): 곱게 채 썬다.
- 굴 2컵(2cup): 싱싱하고 잔 것으로 골라 소금물에 헹군다.
- 오이 1컵(1cup): 2-3cm 넓이로 얇고 납작하게 썬다.
- 당근 1/2컵(1/2cup): 무나 오이와 같은 크기로 썬다.
- 밤 1/2컵(1/2cup): 얇고 납작하게 썬다
- 실고추 1/3컵(1/3cup)
- 실파 1-2단: 뿌리를 잘라 씻어 1작은술의 소금으로 숨을 죽인다.
- 소금: 천일염

담 그 는 법

:::: 숨 죽여 연해진 양배춧 잎을 소쿠리에 가지런히 건져 담는다.

:::: 겉잎들을 떼어내고 남은 속잎을 씻어 곱게 채 썬다.

:::: 무 · 오이 · 당근을 한 줌의 소금으로 1-2시간쯤 살짝 숨 죽인 다음 소쿠리에 건진다. 소금물은 받아둔다.

:::: 넓은 그릇에 액젓 · 마늘 · 생강 · 고춧가루 · 굴을 넣어 고루 섞는다.

:::: 위 양념에 숨 죽인 무 · 양배추 · 오이 · 당근을 넣어 버무린 다음, 밤 · 파 · 실고추를 고루 뿌려 보쌈 속김치를 만든다.

:::: 큼직한 보시기 바닥에 양배춧 잎 4장을 겹치게 깐다. 버무린 속김치를 알맞게 넣고, 잎을 하나하나 겹치게 싸서 둥근 꾸러미처럼 만든다. 흐트러지지 않게 숨 죽은 실파줄기로 싸매 항아리에 차곡차곡 담는다.

:::: 남은 양배춧 잎과 실파를 위에 덮고, 소금물로 양념 그릇을 헹궈 붓는다.

:::: 눌림을 올리고 뚜껑을 덮어 찬 곳에 둔다.

:::: 다음 날 국물 간을 다시 맞춘다.

당 근 쌀 겨 절 임

당근을 주재료로 한 이 절임을 오이와 무의 '쌀겨절임'과 함께 차려내면, 붉고 푸르고 흰 '삼색'의 맛이 몹시 돋보인다. 아름다운 색깔과 음식 솜씨, 정갈한 살림살이가 두드러지는 차원 있는 가정음식이다.

재 료

• 당근 3kg: 생김새가 매끈하고 가는 것을 골라, 줄기 쪽을 1-2cm 남긴 채 자르고 다듬는다. 그늘에서 2-3일간 시들게 한다.

• 고운 쌀겨 2kg

• 소금 200g: 천일염.

• 생강 100g: 얇고 납작하게 썬다.

• 생강가루 50g: 혹은 건조생강편.

• 무 잎줄기나 배춧잎: 우거지용 혹은 흰 종이나 흰 천을 덮개용으로 마련한다.

담 그 는 법

:::: 고운 쌀겨에 소금 · 생강을 고루 섞어 절임겨를 만든다.

:::: 항아리 바닥에 한두 줌의 절임겨를 깐다. 시든 당근을 가로세로 한 켜씩 촘촘히 깔고, 한 켜마다 당근이 보이지 않게 절임겨를 덮는다.

:::: 위에 우거지를 덮고 남은 절임겨를 모두 뿌린다. 종이나 천으로 덮개를 할 때는 덮기 전에 절임겨를 뿌린다.

:::: 눌림을 올리고 뚜껑을 덮어 찬 곳에 둔다.

생 강 절 임

'생강절임'과 '편강'[16]은 고대부터 전래돼온 사찰식이(寺刹食餌)다. 약미식물에 속해 귀하게 담가온 것으로 알려진다.

재 료

- 생강 3kg: 싱싱하고 연한 생강을 골라 껍질을 깎고, 아주 얇고 납작하게 썬다. 찬물에 깨끗이 헹궈 건진다.
- 소금 1/3컵(1/3cup)
- 설탕 1/2컵(1/2cup)
- 아스코르빈산(Ascorbic Acid, 비타민 C의 다른 이름) 가루[17] 1/2작은술(1/2ts)
- 식초 1/2컵(1/2cup): 무색의 증류 식초.
- 물 3-4컵(3-4cup): 끓여서 식힌다.
- 천연 식용색소(All Natural Food Color): 자연산 식물(성)에서 추출한다.

담 그 는 법

:::: 항아리에 생강을 넣고 소금·설탕을 넣어 고루 저은 다음, 1시간쯤 그대로 둔다.

:::: 숨이 죽어 부드러워진 생강을 고루 섞으면서 눌러 다지고, 식초와 아스코르빈산을 위에 넣는다.

:::: 눌림을 올리고 찬물을 눌림까지 올라오게 부어준다. 물이 너무 많으면 생강편들이 떠오르고, 모자라면 물에 잠기지 않은 부분의 생강편들이 변색되고 뭉클어져 부패한다.

[16]생강을 얇게 썰어 설탕 또는 꿀에 절여 말린 것으로, 다과의 일종이다.

[17]절임류, 특히 채소나 과일에 아스코르빈산(비타민 C)을 넣는 것은 극히 일반화된 상식이다. 이유는 방산 (화)·방부(패) 기능이 있기 때문이다.

당근쌀겨절임

생강절임

당근소박이

당 근 소 박 이

단단한 당근에 소박이 양념을 넣기 시작한 것은, 외국 채소류가 우리나라에 들어와서 재배 생산량이 풍성해진 이후(19세기 후반에서 20세기 초)부터다. 오이 · 토마토를 비롯해, 근래에는 브로콜리 · 콜리플라워 · 양배추알 · 스프라우트까지 우리식 조리 방법에 활용되기 시작했다. 창의적인 이색김치의 다양한 면모를 볼 수 있게 됐다.

재 료

- 당근 3kg: 지름 3cm 안팎의 싱싱한 것을 골라 다듬어 씻는다. 길이 4cm 토막으로 잘라 위에서부터 3cm 깊이로 십자형 칼집을 넣는다. 소금물(농도 3%)에 2-3시간 담근다.
- 무 0.5kg: 속이 연한 무를 다듬어 씻어 곱게 채 썬다. 1작은술의 소금을 뿌려 섞어둔다.
- 대파 2컵(2cup): 3-4cm 길이로 곱게 채 썬다.
- 쌀가루풀 1컵(1cup)
- 맑은 액젓 1컵(1cup)
- 밤 1/2컵(1/2cup): 곱게 채 썬다.
- 마늘 2/3컵(2/3cup): 곱게 채 썬다.
- 생강 1/3컵(1/3cup): 곱게 채 썬다.
- 고운 고춧가루 2/3컵(2/3cup)
- 실고추 1/3컵(1/3cup)
- 소금: 천일염.
- 설탕 1큰술(1Ts)

담 그 는 법

:::: 당근을 소쿠리에 건지고, 무도 가볍게 짜서 다른 그릇에 담아둔다. 소금물은 받아둔다.
:::: 넓은 그릇에 쌀가루풀 · 액젓 · 마늘 · 생강 · 고춧가루를 넣고 고루 섞은 다음, 무 · 파 · 밤 · 실고추 · 설탕을 뿌려 넣어 양념 소를 만든다.
:::: 칼집을 넣은 당근 토막 하나하나에 1-2작은술의 양념 소를 채워 넣는다. 소가 안 빠져나오도록 칼집 난 쪽을 위로 해서 항아리에 세워 담는다.
:::: 배춧잎 우거지를 준비해 덮고, 소금물로 양념 그릇을 헹궈 붓는다.
:::: 눌림을 올리고 뚜껑을 덮어 찬 곳에 둔다.

김치 견문록 자연이 키우고 우주가 담근 맛의 기록

1판 1쇄 펴낸날	2008년 10월 30일
1판 3쇄 펴낸날	2011년 12월 14일

지은이	김만조, 이규태
사진	이지누(야외촬영), 이상원(세트촬영), 조항일(자료사진 촬영)
요리감수	황혜성
요리지도	한복려

펴낸이	이영혜
펴낸곳	디자인하우스
	서울시 중구 장충동2가 162-1 태광빌딩
	우편번호 100-855 중앙우체국 사서함 2532
대표전화	(02) 2275-6151
영업부직통	(02) 2263-6900
팩시밀리	(02) 2275-7884, 7885
홈페이지	www.design.co.kr
등록	1977년 8월 19일, 제2-208호

편집장	김은주
편집팀	장다운, 전은정
디자인팀	김희정
디자인	박우혁 www.typepage.com
마케팅팀	도경의
영업부	김성주, 오혜란
제작부	이성훈, 민나영

출력	삼화칼라
인쇄	(주)중앙문화인쇄

도움주신 분과 기관들

계몽사 자료실, 고려대 식품공학과 이철호 교수, 고려대학교 대학원 도서관, 국립민속박물관, 국립중앙도서관, 궁중음식연구원, 서예가 김지희,
들꽃민속촌 조현제, 서문당 대표 최석로 선생, 예당(藝堂), 예하(藝河), 옹기민속박물관, 웅진출판사 자료실, 장지형 박사, 풀무원·김치박물관

값	16,800원
ISBN	978-89-7041-987-9